With the license to grill…

1. Auflage 2008

www.hoca.de

Autor: Reinhardt Hess, Texte: Hans-Heinrich Reichelt, Fotos: Jo van den Berg, Foodstyling: Patrice Brault, Art-Direktion: Ralf Schneider, Layout: Nadine Schaap, CvD: Simone Wippern, Bildredaktion: Thomas Balke, Schlussredaktion: Sibylle Kumm, Herstellung: Claude Hellweg (Ltg.), Objektleitung: Viviana Plasil, Foto Schutzumschlag: Jo van den Berg, Litho: filestyle medienproduktion GmbH, Hamburg, Druck und Bindung: Mohn media, Gütersloh
Printed in Germany

ISBN 978-3-455-50097-4

HOFFMANN UND CAMPE

Ein Unternehmen der
GANSKE VERLAGSGRUPPE

BILDNACHWEIS

22/23: Derek Henthorn/Stock4B/Getty Images, 25: Jahreszeiten Verlag (r.), 26: Picture-Alliance/dpa (o.l.), A1Pix/HSC (o.m.), Adpics/F1online (o.r.), Christine Steimer/Okapia (u.l.), Tips Images/F1online (u.m.), Photostock/Vario Images (u.r.), 27: Wildlife/A.Mertiny (o.l.), Schapowalow/Robert Harding (o.m.), Mauritius Images/CuboImages (o.r.), Avenue Images (u.l.), H.&H.J.Koch/animal-affairs.com (u.m.), Juniors Bildarchiv (u.r.), 28/29: Andy Sacks/The Image Bank/Getty Images, 37: Illustration aus „Das große Buch vom Fleisch", Teubner Edition, 38: Illustration aus „Das große Buch vom Fleisch", Teubner Edition, 44: Steve Wrubel/The Image Bank/Getty Images (o.), 45: Lew Robertson/StockFood Creative/Getty Images (o.), 118: Stockfood, 120: Shotshop.com, 122: Shotshop.com, 123: Photocuisine/F1online

DAS GROSSE STEAKBUCH

Rezepte, Informationen und praktische Tipps rund um die feinsten Stücke von Rind, Kalb und Lamm

| Hoffmann und Campe |

Feinfühlig

Ein zartes, saftiges Steak fällt nicht vom Himmel. Viel Gefühl für Qualität braucht es, bis aus einem Stück vom Rind eine Scheibe Hochgenuss wird

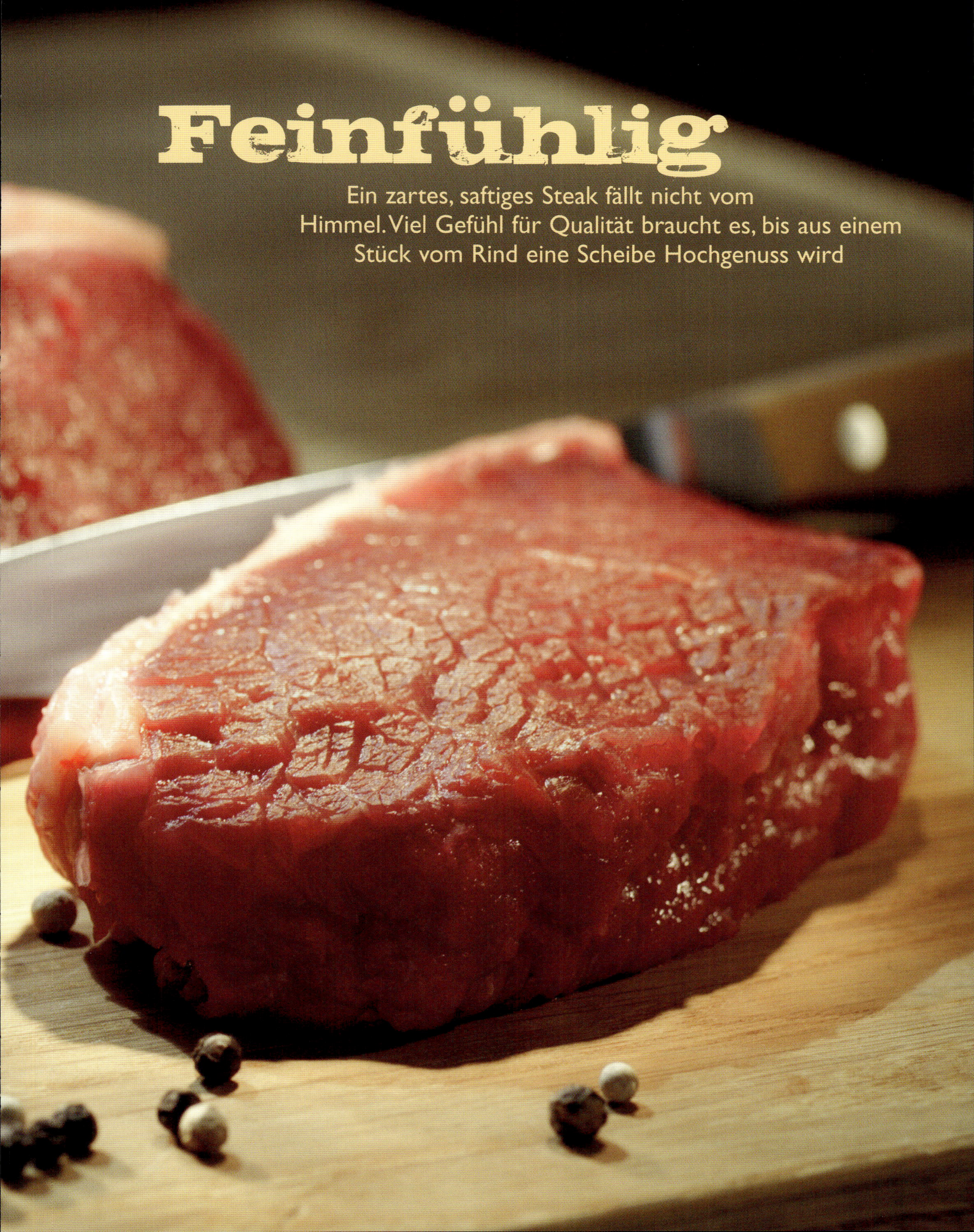

Behutsam

Starke Hitze braucht ein Steak, damit es seine knusprige Kruste erhält. Doch dann muss es bedächtig auf den Punkt gegart werden

Lustvoll

Außen kross und innen voller Saft, das ist der absolute Steakgenuss. Ein Erlebnis für alle, die den vollendeten Geschmack zu würdigen wissen

Außen kross und innen saftig – das ist die Zauberformel für Block House Steaks, die mittlerweile in 34 Block House Restaurants angeboten werden

VORWORT

Wo kaufen Sie Ihren Anzug?
Sicher beim Fachmann, der Sie bestens berät!
Wo buchen Sie eine individuelle Reise?
Vermutlich im Reisebüro Ihres Vertrauens! Wo entscheiden Sie sich für eine neue Digitalkamera? Bestimmt beim Spezialisten, der Ihnen jede Frage beantwortet. Wohin gehen Sie, wenn Sie mal wieder ein saftiges Steak essen und das gute Gefühl haben möchten, von wahren Gastgebern bedient zu werden?
Genau … dann gehen Sie ins Block House. In eines von 34 deutschen Block House Restaurants. Damit gehören Sie zu der fünf Millionen umfassenden Gäste-Familie, die hier täglich die Wahl hat: zwischen Mr. und Mrs. Rumpsteak, zwischen dem Hereford Rib-Eye und dem Rib-Eye Mastercut, dem American Tenderloin, dem Filet mignon, dem Prime Rib Steak und vielen anderen schmackhaften Gerichten.

Dieses Steakbuch, das Sie in den Händen halten, entstand in Zusammenarbeit mit einem Spezialisten: Block House, die beste Adresse für Steaks, Marktführer in Deutschland.
1968 entstand das erste Block House in Hamburg – 40 Jahre zufriedene Gäste, die gern wiederkommen – das kann kein Zufall sein. Natürlich nicht! Das Block House bietet seit vier Jahrzehnten Fleischqualität, die unübertroffen ist.
Block House – das ist aber auch Synonym für knackige Salate, erfrischend würzige Sour Cream, eine herzhafte Kartoffel, freundliche Bedienung, beste Beratung. Ein perfektes Restaurant eben, das aus gutem Grund tiefes Vertrauen genießt.
Die Block Gruppe zählt zu den 20 größten Gastronomieunternehmen Deutschlands, beschäftigt 1.635 Mitarbeiter und erzielte 2007 einen Umsatz von rund 190 Millionen Euro. Die Block Gruppe umfasst neun Unternehmen. Dazu zählen unter anderem die Restaurantbetriebe AG mit bundesweit 33 Steakrestaurants und die Block House Fleischerei, die neben den eigenen Betrieben auch die internationale Gastronomie und Hotelerie beliefert. Ab Ende 2008 gibt es in Hamburg ein weiteres Block House – direkt an der Binnenalster, Jungfernstieg 1.
Vorstand Dirk Block: „Dieses schöne Restaurant ist ein Geschenk an unsere treuen Gäste zum 40. Jubiläum."
Die beiden Hamburger Traditionsunternehmen Hoffmann und Campe Verlag und Block House laden Sie auf den folgenden Seiten ein, mehr über Steaks und deren Menü-Zubereitung zu erfahren. Ganz sicher wird Ihnen beim Lesen und Betrachten der Bilder das Wasser im Mund zusammenlaufen – und dann haben Sie zwei Möglichkeiten: Entweder Sie braten sich ein Steak zu Hause, oder aber Sie gehen zum Essen ins Block House.

Wie immer Sie sich entscheiden, wir wünschen Ihnen einen guten Appetit!

INHALT

STEAK**WISSEN**

Für Premium-Qualität auf dem Teller, muss das Fleisch wachsen, reifen und seinen Geschmack vollenden

STEAK**PRAXIS**

Wer sein Steak außen knusprig und innen saftig will muss die Profitricks kennen

STEAKGENUSS

Vom Salat-Klassiker als Vorspeise bis zur raffinierten saisonalen Beilage – zu einem herzhaften Steak passen viele Begleiter

AUS LIEBE ZUM STEAK

EUGEN BLOCK ist der Mann, der aus einem ersten Block House ein Imperium erschaffen hat. Auf den Geschmack gekommen war er in Amerika. Mehr als fünf Millionen Gäste begeistert er jährlich. Sie verputzen 3,4 Millionen Steaks

Ein feiner, ein eleganter Herr. Schlank. Silbergraues Haar. Gescheitelt. Dunkelgrauer Anzug, Krawatte. Federnder Gang. Ein Lächeln im Gesicht. Selbstbewusst – und dennoch bescheiden. Für ein paar Sekunden bleibt er im Eingang des Block House stehen. Er schaut nach links, nach rechts. Augen, die alles sehen. Natürlich auch, dass es keinen leeren Platz in seinem Restaurant gibt!

Die Gäste erkennen ihn. Legen Messer und Gabel beiseite. Tuscheln.

„Guck mal, der Chef persönlich ..."

„Der sieht bestimmt mal nach dem Rechten, ob hier alles gut läuft – und so ..."

„Gut, dass es ihn gibt. Sonst hätten wir nicht diese saftigen Steaks und leckeren Salate auf unserem Teller ..."

Wie wahr. Eugen Block ist der Mann, der aus einem ersten Block House ein Imperium mit 34 Restaurants erschaffen hat. Mehr als fünf Millionen Gäste werden jährlich bei ihm satt. Sie verputzen 3,4 Millionen Steaks und 3,9 Millionen Baked Potatos, 3,6 Millionen Salate, 8,4 Millionen Stücke Knoblauchbrot und 5,4 Millionen Portionen Sour Cream. Sie ordern 600.000 Desserts und 8 Millionen Gläser mit Getränken. „Die Wünsche unserer Gäste", sagt Eugen Block oft und gern, „sind der Inhalt unserer Arbeit."

Keine leeren Worte, sondern gelebter Alltag. Täglich von mittags bis Mitternacht, angefangen an einem Septembertag im Flower-Power-Jahr 1968, in der Dorotheenstraße in Winterhude. Für den Gastraum gab Eugen Block damals eines seiner beiden Zimmer auf – das Wohnzimmer.

In Amerika war Eugen Block auf den Geschmack gekommen. Dort war er, um internationale Erfahrungen zu sammeln. „Bei der Gelegenheit", so sagt Eugen Block, „habe ich die typischen amerikanischen Steak-Restaurants kennen und lieben gelernt. Man bekam im rustikalen Ambiente einer Blockhütte saftige Steaks, köstliche Salate und die im Ofen gebackenen Kartoffeln. Das kannte man damals in Deutschland nicht. Da aß man hauptsächlich gekochtes Fleisch, gekochte Kartoffeln, gekochtes Gemüse und zu allem viel Soße." Zurück in Deutschland, auf der Heidelberger Hotelfachschule, erzählte er seinen Mitstudierenden von seiner Idee, in Hamburg ein Steakrestaurant mit Steaks, Salaten und ohne Soße zu eröffnen. Eugen Block: „Die haben mir nur einen Vogel gezeigt."

Aber wer Block kennt, der weiß, dass er sich nicht beirren lässt – schon damals nicht, mit Anfang 20. Er umschreibt das heute mit der Selbsterkenntnis: „Ich bin ein Typ, der das Sagen haben will. Einer der führen will, der vorausgeht. Ich habe nun mal meinen eigenen Kopf, meinen eigenen Willen." – „Bohrer" nannte deshalb schon die Block-Mutter ihren Sohn. Bohrer, weil er bereits als kleiner Junge jedes Brett durchbohrte, und war es noch so dick ...!

Und so entstand das erste Block House. Mit gespartem Geld aus Amerika und etwas geliehenem aus Hamburg. Und mit viel Aufregung am ersten Tag ...! Mr. Block House: „Wir hatten Full House – allerdings auch eine Küchenluft-Abzugshaube, die nicht ausreichend funktionierte. Folge – der ganze Laden stand unter Qualm. Als kleine Entschädigung haben wir den Gästen ein Schnäpschen serviert. Der Griller allerdings, der streikte abends um halb zehn ..." Der legte sich tatsächlich hinter seinem Grill auf den Boden, streckte alle viere von sich und jammerte: „Ich kann nicht mehr ..." Und er war weder für Geld noch für ein gutes Stück Fleisch dazu zu bewegen, seine Arbeit wieder aufzunehmen.

„Die Wünsche unserer Gäste
sind der Inhalt unserer Arbeit."
Eugen Block

Vater und Sohn, Eugen und Dirk Block. Zwei Männer, zwei Generationen – ihre Philosophie lautet: 110 Prozent Leistung für 95 Euro

Also grillte Eugen Block nun selbst, und eine junge, blonde, attraktive Frau kümmerte sich liebevoll um die Gäste und legte wohl auch auf diese Weise den Grundstein für eine lange Partnerschaft: Blocks spätere Frau Christa. Eugen Block: „Das war zum ersten Mal, dass sie mir den Rücken freigehalten hat – aber nicht zum letzten Mal. In all den Jahrzehnten war sie immer an meiner Seite und hat mich unterstützt."

Block House – das ist ein Synonym für Qualität. „Die Block House Leistung", so Eugen Block, „besteht nicht nur aus gebratenen Steaks. Wir haben viel mehr zu bieten. Unser Paket für den Gast besteht aus vier Dienstleistungen:

1. Wir liefern in unseren Räumlichkeiten die Atmosphäre, in der sich der Gast wohlfühlt. Da kann er ordentlich sitzen, da darf kein Stuhl wackeln, da fühlt er sich wohl und geborgen. Hier darf er Mensch sein, hier ist es nicht künstlich leise, hier darf er laut lachen. Er sieht, wo das Fleisch gegrillt wird, wo die Salate angerichtet werden, wo das Bier gezapft wird.
2. Wir liefern gutes Essen und Trinken. Der Gast kann sich darauf verlassen, dass das Fleisch zart, medium, well done, oder rare ist – wie er es bestellt. Dass die warmen Getränke warm und die kalten Getränke kalt sind.
3. Wir bieten einen freundlichen, kompetenten Service. Unsere Mitarbeiter sind flott – und nicht überfordert.
4. Unsere Restaurants sind wie eine Bühne – wir möchten, dass der Gast in eine gute Stimmung kommt. Dass er unser Haus glücklicher verlässt als er es betreten hat.

Für die Bereitschaft, all die Gäste in allen Häusern täglich aufs Neue zu verwöhnen, sagt Eugen Block seinen Mitarbeitern auf seine Weise Danke: Es gibt eine Gewinnbeteiligung, und einmal im Jahr können Block-Angestellte mit einer Ausschüttung rechnen. Der Patriarch: „Dadurch wird eine gute Leistung auch extra gut bezahlt."

Eugen Block – was ist das für ein Mann, der die Block House Kette mit Kreativität, Disziplin, Freude und Akribie aufgebaut hat? Isst er eigentlich auch in seinen eigenen Restaurants? Er lacht – geht auf die zweite Frage zuerst ein. „Meine Leidenschaft für ein gutes Stück Fleisch ist in all den Jahrzehnten eigentlich nie geringer geworden. Früher habe ich gern ein großes Rib-Eye-Steak gegessen, heute lieber das Mrs. Rumpsteak. Ich liebe es außen kross und innen medium. Durch das Medium-Grillen behält das Fleisch besonders seine Vitamine und Vitalstoffe, hat Kraft genug, den Stoffwechsel in Gang zu halten. Ja – und ehrlich – am liebsten esse ich das in einem meiner eigenen Restaurants. Da bin ich kaum enttäuscht worden …"

Wenn Eugen Block über das Essen spricht, dann ist ihm im gleichen Atemzug auch ein anderes Thema wichtig: Das ist der Hunger in der Welt! „Die meisten von uns wissen doch gar nicht, was Hunger bedeutet." Block weiß es – er hat ihn gesehen. Und er tut etwas gegen die Armut. Der gläubige Katholik lebt ein intensives soziales Engagement. Durch seine Kirchengemeinde ist er schon vor Jahren in Brasilien auf zwei Geistliche gestoßen, deren Arbeit er unterstützt. Eugen Block: „Wir lassen Getreide hinschicken. Wir lassen Brunnen bauen und Talsperren errichten, damit in den Trockenperioden genug Wasser vorhanden ist. Ich habe mit den Geistlichen Kontakt, und ich weiß, dass jeder Euro von ihnen sinnvoll angelegt wird." So funktioniert auch das Prinzip Hilfe zur Selbsthilfe gut. Eugen Block: „Einer hat dort im Norden von Brasilien beispielsweise eine eigene Bienenzucht aufgebaut und lebt nun vom Honigverkauf. Ein anderer pflanzt Soja an und verdient dadurch seinen Lebensunterhalt."

Block hat viele Beispiele parat – und ganz nebenbei freut er sich, dass man ihn dort auch schätzt, wo er mit seinem Geld eingreift. Ein Staudamm trägt dort Blocks Vornamen Eugenio …"

40 Jahre Eugen Block – denkt man da auch manchmal wehmütig an Rückzug, an Abschied? Block senior an Block junior? It's time to say good bye?

Nun, die Nachfolge ist geregelt. Per Handschlag zwischen Vater und Sohn besiegelt und durch den Aufsichtsratsbeschluss manifestiert – Dirk E. Block, der älteste Sohn, Vorstand Restaurantbetriebe, ist die neue Nummer Eins! Dirk Block hat nicht nur in Deutschland, Amerika und Schottland die besten Ausbildungen genossen – er kennt das Geschäft auch von der Pike auf. Eugen Block: „Schon als kleiner Junge ist er mit mir durchs Block House gegangen. Und er ist immer gern mitgekommen – ich musste ihn nicht schubsen. Ich habe Vertrauen und Zutrauen, und er hat in den ersten Jahren seines Wirkens schon bewiesen, was in ihm steckt. Nun, und wenn er Fragen hat, kann er ja jederzeit zu mir kommen. Schließlich bin ich nicht weit weg …"

STEAK

Steaks sind die Hauptsache. Das Fleisch dafür wachsen, reifen und seinen Geschmack vollenden zu lassen ist schon eine rechte Kunst

WISSEN

STEAKS **SIND GESUND...**

... wenn Rinder draußen sind, frisches Gras fressen und sich frei bewegen

Gutes, gesundes Fleisch kann nur von gesunden Rindern kommen. Und am gesündesten sind sie, wenn sie nicht im Stall stehen, sondern sich draußen auf der Weide austoben können. Natürlich geht bei der kalorienarmen und ballaststoffreichen Ernährung, wie sie die grüne Wiese bietet, der Fettansatz nur langsam vonstatten. Die Tiere wachsen langsamer, dafür sind ihre Muskeln stramm und ihr Fleisch ist würziger als bei einer Stallhaltung. Gut Ding braucht eben Weile.

Das Fleisch von Weidetieren enthält fast viermal mehr gesunde Omega-3-Fettsäuren und konjugierte Linolsäuren (sogenannte „CLA“), mehrfach ungesättigte Fettsäuren, die sich günstig auf den Stoffwechsel auswirken, als solches von Tieren aus Stallhaltung und Mästung mit Körnern und Mais.

Es gibt Kühe, die einen Doppelnutzen erfüllen und vor allem viel Milch und erst in zweiter Linie Fleisch liefern sollen. Andere Rinderherden werden hauptsächlich zur Erzeugung von Fleisch, besser gesagt für Steaks gezüchtet.

Diese andersartige Beef-Geschichte begann schon lange vor Christoph Kolumbus, der die ersten Langhornrinder aus Spanien mit in die Neue Welt brachte. In den endlosen Weiten der Prärien existierte bereits eine eigene

Gattung, die Bisons oder Buffalos, die von den Indianern und später auch von den weißen Siedlern gejagt wurde. Sie ließen sich nicht für die Milchgewinnung domestizieren, blieben wild und angriffslustig, lieferten aber viel muskulöses Fleisch sowie Fett. Die eingeführten Longhorns verdrängten mit der Zeit die Bisons und wurden von Cowboys in großen Herden aus dem südlichen Texas in den fleischhungrigen Norden getrieben. Nicht nur die Cowboys und der Wilde Westen, auch die riesigen Steaks, über dem Lagerfeuer geröstet, wurden zur amerikanischen Legende.

Unsere Cowboys heißen Hirten und sind vor allem im Alpenraum zu finden. Hier werden die Tiere nach dem Winter im Stall im Frühjahr auf die höher gelegenen Almen getrieben, wo sie würzige Gräser und Kräuter fressen, die Kälber robust und widerstandsfähig werden und die Kühe neben fettreicher Milch für den herzhaften Bergkäse auch kräftiges Fleisch entwickeln. Aber auch in Norddeutschland gibt es große Weideflächen, die nicht für den Anbau von Ackerfrüchten taugen und auf denen Herden bunter Holsteiner Kühe und Mastochsen gemächlich grasen.

Nicht zu vergessen die Heidschnucken, die sich auf den saftig-grünen Weiden aromatisches Fleisch anfressen, wie es auch die Rhönschafe und Bayernwaldlämmer im Mittelgebirge tun.

Reines Weiderindfleisch von den saftigsten Weiden dieser Welt gibt es noch in Irland, Deutschland und Schottland, in Argentinien, Neuseeland und Australien. Auf weitläufigen Weideflächen in natürlicher Umgebung wachsen auch die Rinder in Südafrika auf, die die Steaks für die Lieblingsbeschäftigung aller Südafrikaner liefern: Braai, das Grillen unter freiem Himmel.

„WIE GESUND IST RINDFLEISCH?“

Interview mit **JOY JENSEN**, Chefredakteurin der Zeitschrift VITAL. Dort geht es jeden Monat um Wellness, Fitness, Gesundheit – und vor allem um gesunde Ernährung

Frau Jensen, mögen Sie Steak?
Ja, sehr gern. Wenn es schön zart und aus magerem Muskelfleisch ist, weiß ich es sehr zu schätzen.

Passen Fitness, gesunde Ernährung und Fleisch essen denn heute überhaupt noch zusammen? Alle achten doch auf ihre Figur, auf Kalorien und die richtigen Inhaltsstoffe.
Ich sehe da keinen Widerspruch. Fettarmes Muskelfleisch ist kalorienarm und liefert sehr hochwertiges Eiweiß. Das bedeutet, es besteht aus Aminosäuren, die besonders gut zu Eiweißen umgebaut werden können, die der Körper braucht. Etwa zu Muskeln – und genau darauf haben wir Fitness-Fans es doch abgesehen, oder? Zum Schutz von Rücken und Gelenken sind Muskeln einfach wichtig. Und sie verbrennen Kalorien. Gerade hat eine Studie ergeben, dass eine eiweißreiche Ernährung hilft, nicht wieder zuzunehmen. Außerdem enthält Fleisch viel Eisen. Ein kleines Steak deckt ein Drittel des täglichen Eisenbedarfs. Und dieser Nährstoff, der so wichtig für die körperliche Leistungsfähigkeit ist, lässt sich aus dem roten Blutfarbstoff des Fleisches besonders gut aufnehmen. Viel besser, als z. B. aus Haferflocken. Die Deutsche Gesellschaft für Ernährung (DGE) nennt Fleisch deshalb als eine der wichtigsten Eisenquellen.

Was im **RINDFLEISCH** steckt

	100 g Rinderfilet	Funktion
Kalorien	360 kcal	Energie für Körperfunktionen und -temperatur
Fett	4 g	Energieträger
Eiweiß	21,2 g	Gewebeaufbau
Magnesium	22 mg	Energiegewinnung
Eisen	2,3 mg	Sauerstofftransport im Blut
Vitamin B1	0,1 mg	Energiestoffwechsel
Vitamin B2	0,13 mg	Wachstum
Niacin	4,6 mg	Zellstoffwechsel
Panthothensäure	1,0 mg	Hormonbildung
Vitamin B6	0,5 mg	Nerven
Biotin	4,6 Ìg	Fettstoffwechsel
Vitamin B12	2,0 Ìg	Zellbildung
Cholesterin	51 mg	Fettstoffwechsel

Souci/Fachmann/Kraut, DGE: Referenzwerte für die Nährstoffzufuhr

„Steaks liefern mir viele wichtige Nährstoffe!"

JOY JENSEN

Aber für eine ausreichende Vitaminversorgung brauchen wir doch viel Gemüse, Salat und Obst, oder nicht?
Sicher, um wirklich alle Nährstoffe in der richtigen Menge zu bekommen, benötigen wir viel Abwechslung auf dem Teller. Aber Fleisch liefert ebenfalls einige Vitamine. Rindfleisch besonders Niacin, Panthothensäure, Biotin und Vitamin B6 (siehe Kasten).

Ist der Mensch eigentlich von Natur aus ein Fleischesser?
Im Laufe der Evolution haben wir uns von einem reinen Pflanzenfresser zu einer Spezies entwickelt, die auch Fleisch isst, wie unser Gebiss seit vielen Generationen beweist: Untersuchungen von Neandertaler-Knochen ergaben, dass auch damals Fleisch auf dem Speiseplan stand. Einige Anthropologen vermuten sogar, dass sich das Gehirn des Urzeitmenschen erst mit dem Beginn des Fleischverzehrs verstärkt ausbildete.

Viele Menschen verzichten auf Fleisch, weil sie Angst vor Cholesterin und vor Fett haben. Ist die Angst nicht begründet?
Das kommt drauf an, was für Fleisch Sie essen. Bei Bratwürsten oder Bauchfleisch sicherlich. Aber nicht bei Rindfleisch. Es enthält fünfmal weniger Cholesterin als Butter und dafür relativ viel Ölsäure. Das ist das gute Fett, das auch im Olivenöl vorkommt. Ohnehin haben Experten inzwischen festgestellt, dass das Nahrungs-Cholesterin nicht die Hauptursache für einen zu hohen Blutwert ist. Etwa zwei Drittel des Cholesterins bildet der Körper selbst. Zu wenig Bewegung und zu wenige Ballaststoffe – etwa aus Salat und Vollkornbrot – sind da ein viel größeres Problem. Aber eine genetische Ursache für einen zu hohen Cholesterinspiegel liegt scheinbar nur bei drei Prozent der Menschen vor.

Und wie mögen Sie Ihr Steak am liebsten?
Ich mag es medium gebraten, mit frisch gemörstem Pfeffer, einer Prise Meersalz, dazu einen knackigen Salat und ein Glas Rotwein.

VITAL ist der Klassiker unter den Wellness-Zeitschriften: 2009 erscheint das Magazin seit 40 Jahren

RINDERRASSEN

RIND IST NICHT GLEICH RIND. Wer Premium-Steaks will, braucht andere Rassen als reine Milcherzeuger

Das Urrind überhaupt ist der Auerochse, der schon vor über 8000 Jahren in der Türkei und auf der Balkanhalbinsel für die Ernährung genutzt und weitergezüchtet wurde. Er ist der Stammvater der vielen verschiedenen Rassen, die über alle Kontinente verbreitet sind und den jeweiligen Lebensräumen und Bedürfnissen der Menschen angepasst wurden.

In Europa waren die bäuerlichen Betriebe einst klein und auf vielseitige Erzeugung von Feldfrüchten, Fleisch und Milchprodukten ausgerichtet. Deshalb wurden Rinder bevorzugt, die vor allem viel Milch und hinterher noch halbwegs ordentliches Fleisch lieferten. Diese „Doppelnutzungsrassen" waren weitverbreitet. Im Süden, vor allem in den Alpenregionen, überwiegt das Braunvieh mit graubraunem Fell und einem schmalen, um das Maul weiß gezeichneten Kopf. Im Norden überwiegen die Rotbunten, deren dunkelrotes Fell mit weißen Flecken gezeichnet ist und die auch eine gute Fleischausbeute liefern.

In Norddeutschland und den Mittelgebirgen ist die Schwarzbunte mit schwarz-weißem Fell häufig zu sehen, die wegen ihrer hohen Milchleistung überall dort gefragt ist, wo Milch, Butter und Käse an erster Stelle stehen.

Heute findet sich aber auch speziell gezüchtetes Fleckvieh, das als Steak-Ochse taugt und dessen Fleisch es durchaus mit dem der weltbekannten Fleischrassen

ABERDEEN ANGUS

Ihre Heimat ist die raue Hügellandschaft des nordöstlichen Schottlands. Heute sind die „Schwarzen" weltweit verbreitet

AUEROCHSE

Das Fleisch dieses Urrinds schätzten schon die alten Germanen. Heute gibt es allerdings nur noch Rückzüchtungen davon.

BRAUNVIEH

Die graubraunen Tiere mit dem schmalen Kopf und hell umrandeten Maul aus den Alpenländern liefern Milch und Fleisch.

CHAROLAIS

Die massigen weißen oder hellbraunen Rinder aus Frankreich liefern hochwertiges, weniger fettes, geschmackvolles Fleisch.

CHIANINA

Die Rinder dieser italienischen Rasse sind immer weiß, werden erstaunlich groß und ergeben ein fantastisches Fleisch.

FLECKVIEH

Eine Rasse, die in Deutschland, Österreich und der Schweiz verbreitet ist. Geeignet zur reinen Fleischgewinnung, aber auch zur Milcherzeugung.

aufnehmen kann. Zum Beispiel den Aberdeen-Angus-Rindern, die weltweit für beste Steaks stehen. Die schwarzfellige, kleinwüchsige und hornlose Rasse stammt aus Schottland, ist aber heute bei allen fleischerzeugenden Nationen geschätzt. Daneben gibt es auch rotfellige Red-Angus-Rinder mit ähnlichen Eigenschaften. In ihrer Heimat wurden die Tiere mehr auf das Überleben im rauen Klima als auf schnelles Wachstum und Fleischansatz gezüchtet, durch ihr geringes Gewicht sind sie für steile Hänge und trittempfindliche Böden geeignet. In den Südstaaten Amerikas ist dagegen die Hitze so groß, dass diese ursprünglichen Rassen sie nicht ertragen würden. So wurden sie hier mit hitzeangepassten Tieren wie den indischen Brahmanenrindern gekreuzt.

Nicht weniger wichtig sind die Hereford-Rinder, ebenfalls kleine, robuste Tiere mit dunkelrotem Fell und weißem Bauch, die aus England stammen und in ganz Amerika verbreitet sind. Auch diese wurden meist mit anderen Rassen an die regionalen Gegebenheiten angepasst.

Rund um die Welt verbreitet hat sich auch das Simmentaler Fleckvieh, das in der Schweiz gezüchtet wurde und durch seine großen weißen Flecken auf braunem Fell auffällt.

Aus Frankreich stammen die kräftigen weißen oder cremefarbenen Charolais-Rinder, eine reine Fleischrasse, die riesengroße, hochwertige Steaks liefert. Ebenfalls weiß und erstaunlich groß sind die Chianina-Rinder aus der Toskana. Sie liefern das Fleisch für die echte Bistecca alla Fiorentina, jenes riesige gegrillte Steak, das nur mit Salz, Pfeffer und Olivenöl gewürzt wird und dessen Geschmack von den Kräutern stammt, die das Rind während seines Lebens gefressen hat, sowie von den aromatischen Hölzern, die unter dem Grillrost glühen. In Amerika werden die Chianina-Rinder mit Texas-Rindern gekreuzt und ergeben auch hier außergewöhnliche Steaks.

Ihnen ähneln die Maremmana, die genügsamen, großen Rinder der Maremma in Italien, die im Sommer fast weiß, im Winter grau meliert sind und ein festeres, weniger fettes Fleisch von dunkler Farbe und intensivem Geschmack liefern. Auch sie werden von Nord- und Südamerika zur Veredlung anderer Rassen herangezogen.

SIMMENTALER FLECKVIEH

Die großen gescheckten Rinder stammen aus dem Simmental im Berner Oberland und sind auf allen Kontinenten vertreten.

HEREFORD

Eine robuste Rasse aus dem kühlen England, die im Südwesten Amerikas, in Argentinien und auch in Neuseeland verbreitet ist.

MAREMMANA

Die genügsamen, kräftigen Tiere von der italienischen Toskanaküste liefern ein dunkles, festes und recht mageres Fleisch.

RED ANGUS

In Amerika werden die kurzbeinigen Angus-Rinder für die reine Fleischproduktion sehr geschätzt; nur hier gibt es diese rotfellige Sorte.

ROTBUNTE

Die rot-weißen Tiere werden zur Milcherzeugung wie zur Fleischmast vor allem in Nord- und Mitteldeutschland gezüchtet.

SCHWARZBUNTE

Sie kamen mit den ersten deutschen Siedlern nach Nordamerika und werden vor allem für die Milchproduktion gehalten.

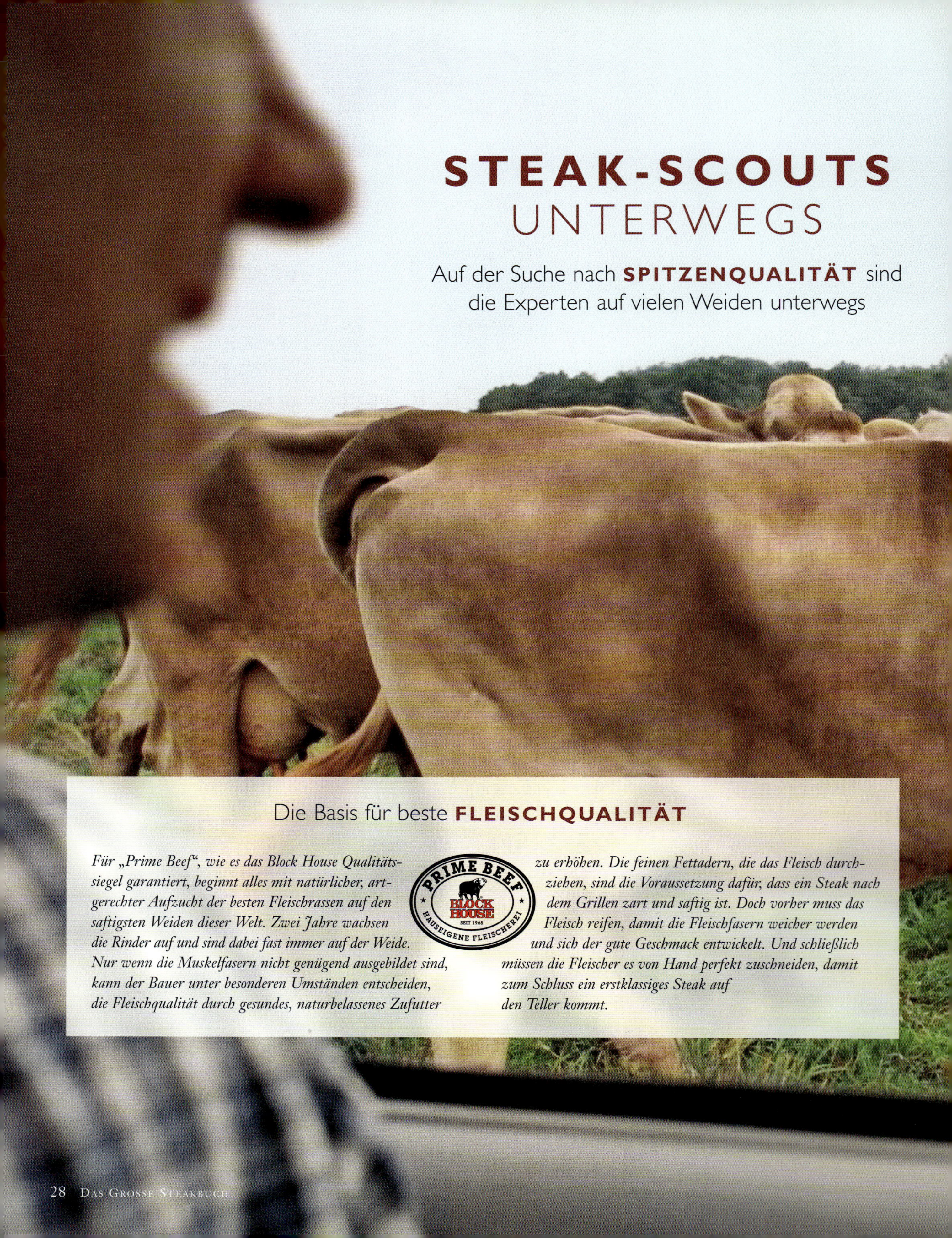

STEAK-SCOUTS UNTERWEGS

Auf der Suche nach **SPITZENQUALITÄT** sind die Experten auf vielen Weiden unterwegs

Die Basis für beste **FLEISCHQUALITÄT**

Für „Prime Beef“, wie es das Block House Qualitätssiegel garantiert, beginnt alles mit natürlicher, artgerechter Aufzucht der besten Fleischrassen auf den saftigsten Weiden dieser Welt. Zwei Jahre wachsen die Rinder auf und sind dabei fast immer auf der Weide. Nur wenn die Muskelfasern nicht genügend ausgebildet sind, kann der Bauer unter besonderen Umständen entscheiden, die Fleischqualität durch gesundes, naturbelassenes Zufutter zu erhöhen. Die feinen Fettadern, die das Fleisch durchziehen, sind die Voraussetzung dafür, dass ein Steak nach dem Grillen zart und saftig ist. Doch vorher muss das Fleisch reifen, damit die Fleischfasern weicher werden und sich der gute Geschmack entwickelt. Und schließlich müssen die Fleischer es von Hand perfekt zuschneiden, damit zum Schluss ein erstklassiges Steak auf den Teller kommt.

Bei so vielen Rinderrassen, Lebensräumen und Aufzuchtmethoden gehört sehr viel Wissen dazu, das beste Fleisch für erstklassige Steaks zu finden. Erfahrene Fleischerei-Experten, die Block House Scouts, sind regelmäßig für die Gäste der Restaurants unterwegs und kennen die saftigsten Weiden und die besten Züchter. Sie sind Profis für Fleischqualität und bringen von ihren Reisen oft neue Ideen für Steakspezialitäten mit. Inzwischen gibt es nicht nur im klassischen Rinderland Amerika, in Neuseeland, Australien, Irland, Schottland u.v.m. hervorragende Fleischqualitäten, sondern auch in Deutschland, vor allem in Süddeutschland. Nur wenn die Jungtiere ganz natürlich und artgerecht auf den Wiesen aufwachsen können, sind die strengen Qualitätsmerkmale der Scouts zu erfüllen. Um den hohen Anspruch und die Frische zu gewährleisten, arbeitet Block House mit ausgewählten Betrieben zusammen und überzeugt sich regelmäßig bei den Züchtern von der Güte der Tiere.

Die Steak-Scouts von Block House sind nicht nur auf der Suche nach dem besten Rindfleisch, sondern auch für die Einführung von Neuerungen wie den Prime Rib Steaks am Knochen zuständig

ZERLEGUNG UND REIFUNG

Wichtig für **EXZELLENTE STEAKS:** Transport, Lagerung & Weiterverarbeitung

Ein perfektes Steak soll gut schmecken, feinfaserig und zart sein, möglichst wenig sichtbares Fett, dafür eine optimale Marmorierung, also feinste Fettadern im Muskelfleisch, aufweisen. Damit ein Rind das liefern kann, sind nicht nur Rasse und Aufzucht, sondern auch Transport, Schlachtung und vor allem die weitere Behandlung des Fleisches wichtig.

Ein optimales Alter für die Gewinnung von kernigen Steaks ist für die Fleischexperten bei Rindern nach etwa zwei Jahren erreicht. Dann ist ihr Fleisch hellrot bis mittelrot, das aufliegende Fett fast weiß, und die Fleischfasern sind zart.

Steaks gibt es auch vom Kalb, das bis zu einem Alter von etwa drei Monaten nur flüssige Nahrung zu sich nimmt. Mit einer Kost aus Milch und Eiweißstoffen nehmen die Kälber rasch zu und haben sehr helles, zartes Fleisch. Beginnt ein Kalb danach Gras zu fressen, wird sein Fleisch dunkler (und auch geschmackvoller).

Zwischen Kalb und Rind liegt das „Baby-Beef", das Fleisch von sehr jungen Rindern, das noch zart wie Kalbfleisch ist, aber schon den typischen Rindfleischgeschmack bietet.

Hoch geschätztes Fleisch liefern die Mastochsen, kastrierte Bullen, die sehr feinfaserige, von Fettadern durchzogene Muskeln ausbilden. Sie werden im Alter von etwa 30 Monaten geschlachtet und liefern die größten Steaks.

Vor der Schlachtung steht der Transport, und dieser trägt viel zur Fleischqualität bei. Stress ergibt ein physiologisch schlechteres Fleisch, das beim Reifen nicht zart wird – der für diesen Vorgang erforderliche Glykogengehalt (ein Reserve-Kohlenhydrat) in den Muskeln sinkt stark ab, das Fleisch kann dadurch nur mangelhaft säuern und wird nicht haltbar und zart.

Im Gegensatz zum hellen Kalbfleisch, das möglichst frisch verwendet werden soll, muss dunkles Rindfleisch reifen oder abhängen. „Abhängen" nannte man die Methode, ganze Rinderhälften im Kühlhaus frei hängend zu lagern, bis die Fleischfasern zart und zum Kurzbraten geeignet waren, was bis zu drei Wochen dauern kann. Diese Art der Reifung hat den Nachteil, dass dabei Feuchtigkeit aus dem Fleisch verdunstet, die äußeren Schichten austrocknen und das Gewicht entsprechend geringer wird. Heute werden die Rinderhälften nur noch kurz gelagert, dann die wertvollen Stücke sorgfältig ausgebeint oder in die für Steaks am Knochen benötigten Teile zerlegt und in dicker, luftdichter Folie vakuumverpackt. Dabei ist strengste Hygiene notwendig, denn das Fleisch bleibt weiterhin ein „lebendiges" Nahrungsmittel, auf dem sich Keime vermehren können. Um dem vorzubeugen, werden die verpackten Teilstücke bei einer Temperatur von knapp unter 0 °C (nur gekühlt, nicht gefrostet) bis zu den Fleischereien transportiert.

Während einer Reifezeit von gut 20 Tagen lockern Enzyme im Fleisch die Struktur der Fasern, sodass nach dieser Zeit die Steaks zart und saftig zu garen sind. Kommen die Teilstücke in Kühlcontainern über den Ozean nach Deutschland, ist durch die Reisezeit schon eine ausreichende Reifezeit gewährleistet. Schließlich werden die gereiften Fleischstücke mit Kühltransportern ohne Unterbrechung der Kühlkette in die Fleischerei gebracht, wo sie in die gewünschten Steaks zerteilt werden.

Die Rinder werden vor dem Zerteilen überprüft, dann längs halbiert und die Hälften zum Reifen in Kühlhäuser gebracht

BLOCK HOUSE

DIE **KUNST** DES ZERTEILENS

Zarte Stücke aus dem **RÜCKEN**

Ein Rind besteht, sehr zum Leidwesen der Steak-Freunde, nicht nur aus Grill- und Kurzbratstücken, die zartfaserig und arm an Sehnen und Bindegewebe sein müssen, sondern auch aus weniger wertvollen Teilen, die sich nur zum Sieden und Schmoren, für Gulasch oder Hackfleisch eignen.

Allerdings gehen die Meinungen darüber, welches Fleisch für welchen Zweck geeignet ist, oft auseinander. In Ländern, wo „Zweinutzenrassen" mit derberem, weniger marmoriertem Fleisch lange Zeit im Vordergrund standen, mussten die Rinder so in die einzelnen Muskelstränge zerteilt werden, wie sie später am besten zu garen sind. Also in Bratenstücke, Schmorfleisch, Sied- und Suppenfleisch, Rouladenfleisch und Gulaschstücke. Als Fleisch zum Kurzbraten kam früher nur das edle Filet infrage, das auch bei einer älteren Kuh nicht zäh war.

Dass diese Zerteilung eine sehr alte, von der Fleischerzunft praktizierte Kunstfertigkeit ist, zeigen die vielen unterschiedlichen Bezeichnungen für ein und dasselbe Muskelstück, das nicht nur von Land zu Land, sondern auch von Gegend zu Gegend andere Namen trägt. So wird das Roastbeef auch Englischer Braten, Bratenrippe, Lendenbraten, Nierstück, Rostbraten, Beiried, Schoß und Unterfilet genannt. In Frankreich heißt es Entrecôte oder Faux Filet, in Amerika Strip Loin.

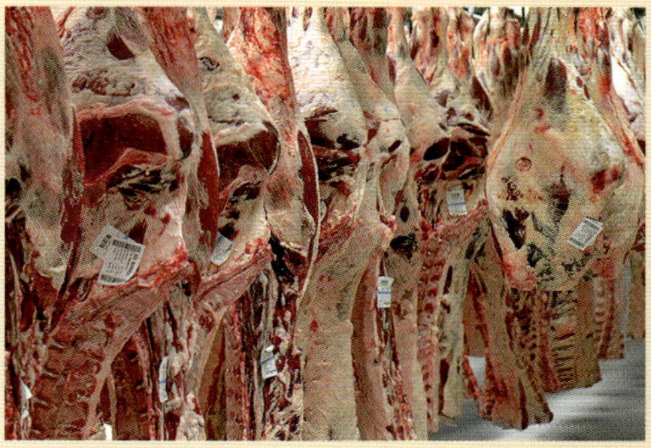

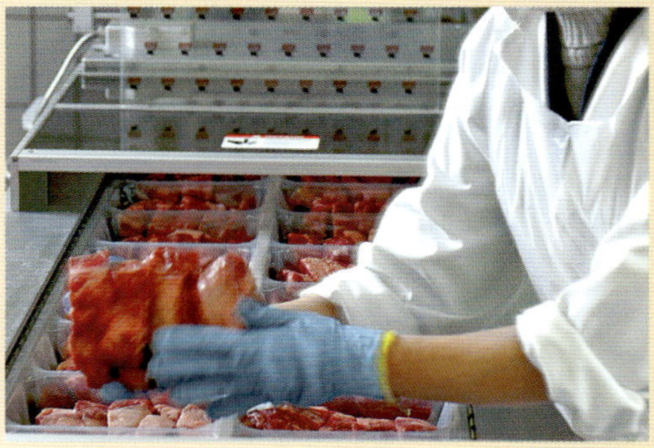
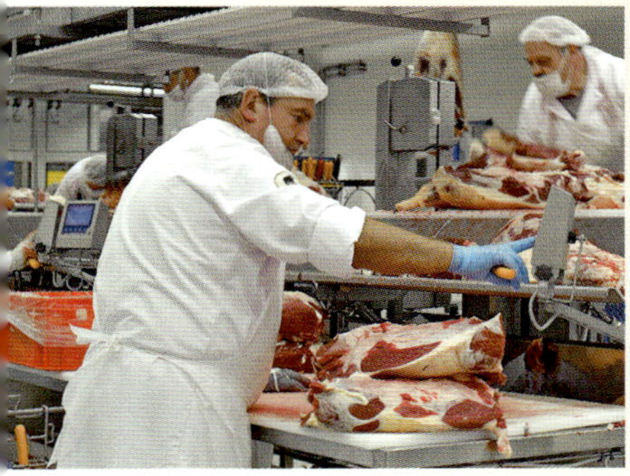

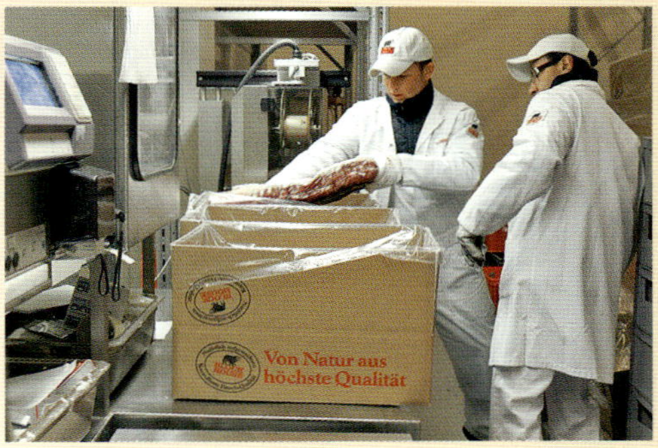

Zerteilen à la **BLOCK**

Die Block House Fleischerei, der hauseigene Meisterbetrieb, verarbeitet nur die Edel-Teilstücke des Rinderrückens wie Roastbeef, Filet, Hüfte und Rib-Eye. Nach der Anlieferung wird das Fleisch kontrolliert und in Handarbeit sorgfältig zugeschnitten. Nur so kann der hervorragende, zuverlässige Genuss garantiert werden. Die beim Zerteilen des Fleisches in Steaks anfallenden zu kleinen Stücke sind von höchster Qualität und werden für Burger und Steakteller verwendet.

Zarte Stücke liefern nur diejenigen Muskelpartien, die wenig beansprucht werden. Das sind beim Rind der Rücken, die Hüften und das Filet. Nur diese Fleischstücke eignen sich für das Kurzbraten und Grillen, wo die Stücke bei starker Hitze ohne Flüssigkeitszugabe gegart werden.

In Amerika werden weit mehr Rinderpartien zu Steaks geschnitten, man könnte fast meinen, ein amerikanisches Rind bestünde nur aus Steaks. Allerdings sind auch die Ansprüche an ein gutes Steak anders als bei uns, denn hierzulande ist Zartheit gefragt und nicht Größe und Menge. Bei uns wird der wertvolle Rinderrücken weitaus sorgfältiger behandelt. Im ersten Schritt werden die Fleischstücke je nach Steak-Typ mit oder ohne Knochen ausgelöst (wobei Fleisch am Knochen gebraten stets besonders würzig schmeckt). Im zweiten Schritt werden harte Häute, Sehnen und Knorpel sorgfältig entfernt (der Fachmann sagt „pariert"), ohne das Fleisch durch Messerschnitte zu verletzen. Schließlich wird das Stück in eine gleichmäßige Form gebracht. So können zum Schluss daraus perfekte Steaks geschnitten werden, die eine gleichmäßige Fleischfaserung haben und keine zähen Teile enthalten.

Bei den Kurzbratstücken sollte aber immer der Fettrand am Fleisch verbleiben, da das Fett ein wichtiger Aromaträger ist. Wer es nicht mitessen mag, schneidet es nach dem Garen ab.

EIN **RUMPSTEAK** IST FÜR MICH IMMER NOCH EIN **HIGHLIGHT**

Gespräch mit **PAUL-GERHARD HÖNER**, seit einem Vierteljahrhundert Geschäftsführer in der Block House Fleischerei

Mit dem Eintritt von Paul-Gerhard Höner mussten wir uns nie wieder mit dem Thema Fleischqualität befassen. Er hat Block House deutschlandweit zur einzigen Rindfleisch-Marke gemacht." Worte von Eugen Block – ein großes Kompliment an einen verlässlichen Partner, an einen Mann, der die Block House Fleischerei aufgebaut hat. Monat für Monat verlassen 500 Tonnen Fleisch die Fleischerei. 30 Prozent davon sind für die Block House Kette bestimmt, der Rest für Fremdkunden.

Ein Gespräch mit Paul-Gerhard Höner über Rinder, Fleisch und Qualität.

Woher kommt eigentlich das Fleisch, das bei Ihnen serviert wird?

„Von den saftigsten Weiden dieser Welt!"

Was ist die Basis für gute Fleischqualität?

„Das Fleisch muss reifen. Das kann es während der vier Wochen langen Überfahrt zum Beispiel von Argentinien. Es wird vakuumverpackt und im Container bei minus 0,5 bis minus 1,5 °C gelagert. Fleisch gefriert bei minus 1,7 °C. Außerdem haben wir natürlich unsere speziellen Reifegeheimnisse."

Welches Fleisch liefert das Rind?

„Wir verwenden nur die edelsten Teile: Roastbeef, Filet, Hüfte und Rib Eye."

Wo sind die Unterschiede des Fleisches?

„Filet ist sehr mager, sehr zart. Rumpsteaks und Rib-Eye-Steaks sind saftig und stark marmoriert. Die Hüfte bietet einen intensiven Rindfleischgeschmack."

Wie wird das Fleisch bei Ihnen kontrolliert, bevor es ausgeliefert wird?

„Wir haben höchste Qualitätsansprüche. Jedes Edelstück wird von 25 gelernten Fleischern während des Verarbeitungsprozesses in Augenschein genommen."

Wie sollte man das Fleisch essen?

„Die meisten essen es medium – das ist auch gut so, weil dann der Geschmack des Fleisches am besten ist. Beliebt ist aber auch blutig, denn dann ist es besonders zart. Was uns als Fleischer immer etwas weh tut, ist, wenn das Fleisch ganz durch bestellt wird …"

Wie können die Griller im Block House so punktgenau grillen? Stechen sie das Fleisch an?

„Nein, nein. Dann würde man ja die Zellen anstechen, und der Saft liefe aus. Wenn das Fleisch auf dem 400 °C heißen Lavagrill liegt, drücken die erfahrenen Griller mit einer Zange auf das Steak. An der Federung, am Gegendruck erkennen sie, ob es well done, medium oder blutig ist. Tippen Sie mal mit dem Zeigefinger gegen die Stirn, auf die Nasenspitze und die Unterlippe – dann spüren Sie den Unterschied, worauf es ankommt."

Wie heiß sollte der Grill zu Hause sein?

„280 bis 330 °C , gut durchgeglühte Kohle also. Hitze ist wichtig, damit sich die Poren schneller schließen."

Was essen Sie am liebsten?

„Ein schönes Rumpsteak ist für mich immer noch ein Highlight."

Worauf sollte man beim Fleischkauf achten?

„Nicht das ganz hellrote Fleisch nehmen, lieber das etwas dunklere. Das ist länger gelagert."

Was soll ich den Schlachter vor dem Kauf fragen?

„Wann wurde das Tier geschlachtet? Wie lange ist das Fleisch gereift? Denn – Fleisch muss Ruhe haben, vier Wochen ist die ideale Zeit."

Paul-Gerhard Höner sichert die Fleischqualität bei Block House. 500 Tonnen Fleisch verlassen monatlich die Fleischerei

BLOCK HOUSE

WELCHES STÜCK KOMMT WOHER?

Übersicht und Zuordnung der einzelnen **RINDFLEISCHTEILSTÜCKE**

Die echten Steaks stammen aus dem Rücken des Rindes, genauer: aus den Fleischsträngen, die an den Rippenknochen liegen. Da diese Muskelpartien relativ wenig beansprucht werden, sind sie besonders feinfaserig und bleiben beim Kurzbraten oder Grillen zart und saftig.

Auf den Hals, der beim Grasen auf der Weide natürlich kräftigere Muskeln entwickelt und nur zum Sieden oder Schmoren geeignet ist, folgt die Hohe Rippe oder Hochrippe. Sie stellt bei der Zerlegung in der Fleischerei die Grenze zwischen dem Vorder- und dem Hinterviertel des Rindes dar. Stammt das Fleisch von einem jungen Tier und ist es gut gereift, lassen sich daraus Hochrippensteaks schneiden. Samt den Knochen in rippenstarke Scheiben geschnitten, ergibt das ein von Fettadern durchzogenes Rinderkotelett, ein Bratenstück für zwei Personen. Ohne Knochen liefert dieses Teil die Rib-Steaks und die Rib-Eye-Steaks.

Ein Rumpsteak, aus dem Roastbeef geschnitten, ist purer Fleischgenuss. Einen Streifen des Fettes (etwa 5 cm) stehen lassen

Richtung Schwanz schließt sich an die Hochrippe das Roastbeef an, der Übergang wird mit oder ohne Knochen als Clubsteak gehandelt. Dieses feine Fleischstück ergibt besonders am Knochen gebraten saftige und würzige Steaks, in Amerika auch Prime Rib Steaks genannt.

Eindeutig zum Hinterviertel des Rückens gehört das Roastbeef, auch Lendenstück oder Rostbraten genannt. Aus diesem fast viereckigen Stück mit der markanten Fettauflage werden sowohl große Braten wie auch Rumpsteaks, die dickeren Entrecôtes sowie die Porterhouse-Steaks, die T-Bone-Steaks und die Sirloin Steaks geschnitten.

Dem Roastbeef gegenüber liegt das Filet, in Österreich Lungenbraten genannt. Aus diesem mageren, sehr zarten Fleisch werden die Filetsteaks geschnitten, die kleinen Tournedos wie die doppelten Chateaubriands (American Tenderloin).

Noch weiter Richtung Schwanz liegt die Hüfte, die schon zur Keule gerechnet wird (der Übergang vom Roastbeef in die Hüfte ist fließend). Aus diesem Abschnitt, speziell aus der Hüfte ohne Deckel, der Blume, kommen die amerikanischen Rump Steaks (während die deutschen Rumpsteaks meist aus aus dem hinteren, flachen Teil des Roastbeefs stammen).

Beim Kalb entspricht der Kalbsrücken dem Roastbeef vom Rind und liefert wie da die edelsten Teile. Die Steaks und die Schmetterlings-Steaks werden meist aus der Lende geschnitten, wobei die gleichmäßige Maserung ein leichtes Portionieren erlaubt. Auch beim Kalb ist das Filet das teuerste Stück, es ist aber weniger geschmacksintensiv als beim Rind und muss kräftig gewürzt werden. Es wird eher kurz geschmort als gegrillt.

Alle **KULINARISCHEN TEILSTÜCKE** und ihre Verwendung

Zum Kochen ideal sind bindegewebsreiche Teile des Rindes wie Bug, die ganze Brust mit Knochen, Schwanzrolle, Tafelspitz und die Beinscheiben aus Vorder- und Hinterhesse, die gleich noch herzhafteWürze durch ihren Markknochen beisteuern. Der Kamm (Hals) und die sich anschließende Fehlrippe ergeben ein ausgezeichnetes Siedfleisch, ebenso Tafelspitz aus der Keule.

Zum Schmoren und Braten eignen sich auch weniger wertvolle Stücke des Rindes wie Brust, Schulter und Keule, Fleischstücke aus Vorder- und Hinterhesse, Rouladen aus der Oberschale, der Ochsenschwanz und die Ochsenbacken, die zwar eine sehr lange Schmorzeit benötigen, aber einen äußerst würzigen Geschmack haben. Auch das kräftige Muskelfleisch aus Kamm (Hals, Nacken) taugt sehr gut zum geduldigen Schmoren bei kleiner Hitze.

Fleisch zum Kurzbraten muss feinfaserig, zart und fettgemasert sein, sonst gerät es trocken. Die zartesten Stücke beim Rind stammen aus wenig beanspruchten Muskeln des Rückens und der Innenseite der Keule. Roastbeef und Filet sind ideal. Auch aus sehr gut gereiften Stücken der Hüfte, Oberschale und der Schwanzrolle lassen sich Steaks schneiden, die allerdings etwas kerniger sind als die Edelstücke.

Fürs Pochieren, also bei ganz kleiner Hitze in reichlich Flüssigkeit gar ziehen lassen, ist ein Fleisch mit gleichmäßiger Faserung und kompakter Form ideal. Klassisch sind Tafelspitz und Bürgermeisterstück, Schwanzrolle und Falsches Filet. Das Falsche Filet wird wie das Bugblatt aus der Vorderkeule gelöst. Die anderen Stücke werden aus der Hinterkeule geschnitten.

Für große Braten taugen insbesondere die Fleischstücke aus dem hinteren Viertel, die magerer sind als die Stücke aus der Schulter. Das Bugblatt aus dem Vorderteil allerdings zählt zu den besten Bratenstücken, das besonders für festliche Gelegenheiten geeignet ist, da es sich leicht und gleichmäßig portionieren lässt. Es steht dem Roastbeef oft geschmacklich nur wenig nach.

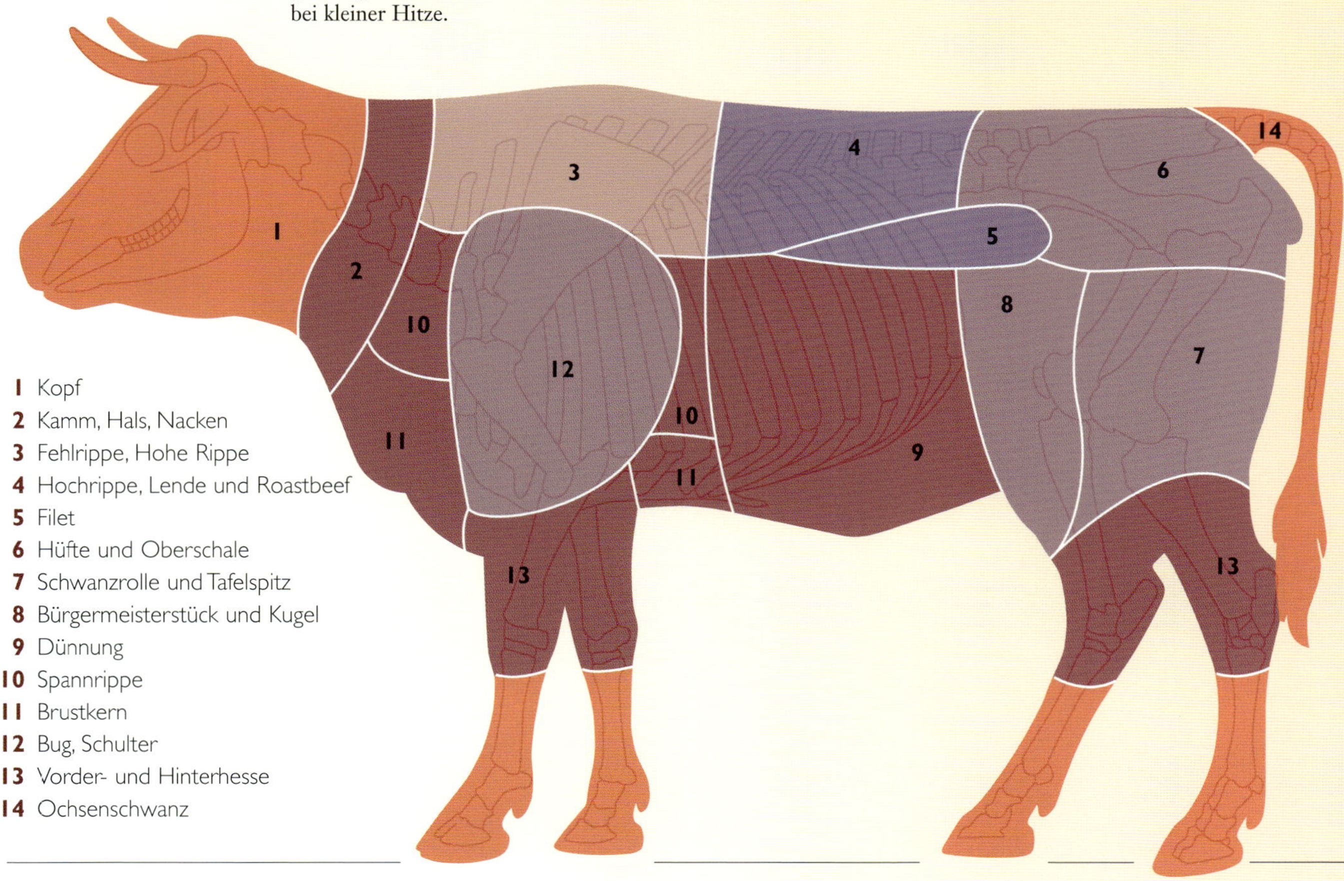

1 Kopf
2 Kamm, Hals, Nacken
3 Fehlrippe, Hohe Rippe
4 Hochrippe, Lende und Roastbeef
5 Filet
6 Hüfte und Oberschale
7 Schwanzrolle und Tafelspitz
8 Bürgermeisterstück und Kugel
9 Dünnung
10 Spannrippe
11 Brustkern
12 Bug, Schulter
13 Vorder- und Hinterhesse
14 Ochsenschwanz

DIE WICHTIGSTEN STEAK-TYPEN

Für Steak-Liebhaber sind **ROASTBEEF UND FILET** die wichtigsten Teile eines Rindes. Doch es gibt noch mehr steaktaugliche Abschnitte

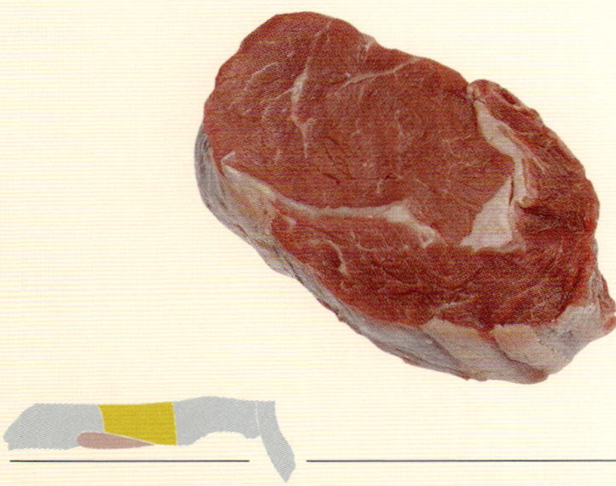

Das **Entrecôte** (auch Zwischenrippenstück genannt) wird aus dem vorderen Teil des Roastbeefs geschnitten, wiegt als „Simple“ für eine Person etwa 200 g, als „Double“ für zwei Personen ca. 400 g.

Rumpsteaks stammen bei uns aus dem hinteren (flachen) Teil des Roastbeefs und wiegen gut 200 g, wenn sie 2 bis 3 cm dick geschnitten sind. In Amerika werden die „Rump Steaks“ aus der Hüfte (aus der sogenannten „Blume“) geschnitten.

Bei den **T-Bone-Steaks** mit dem typischen T-förmigen Knochen in der Mitte ist der Filetanteil kleiner als beim Porterhouse-Steak, dafür der Anteil am flachen Roastbeef größer. Es sollte etwa 3 cm dick geschnitten sein und ca. 400 g wiegen.

Auch **Prime Rib Steaks** sind Rinderkoteletts und haben einen Knochen, aber keinen Filetanteil. Sie ergeben sehr aromatische, saftige Steaks. Um diesen Schnitt hinzubekommen, braucht es erfahrene Hände. Nur wenige Fleischereien können ein Prime Rib Steak schneiden und nur wenige Steakrestaurants bieten es an.

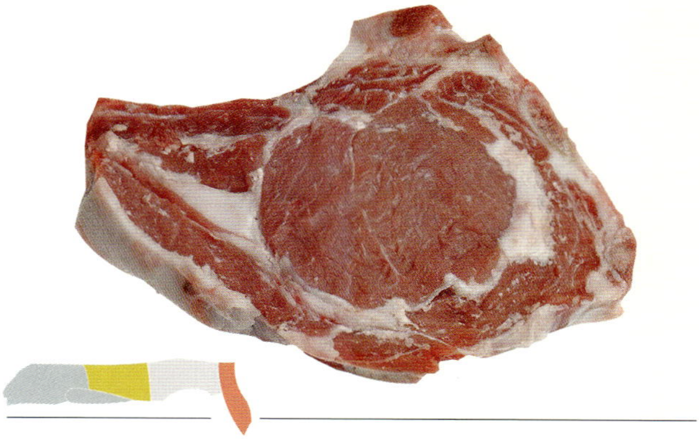

Kalbskoteletts werden mit Knochen aus dem Rücken geschnitten und sind zarter als Rindersteaks, da sich beim Kalb die Muskeln noch nicht voll entwickelt haben. Damit das Fleisch zart bleibt, bei mittlerer Hitze nicht zu lange braten.

Die kleinen **Huft-Medaillons**, ca. 80 g schwere Steaks aus der Hüfte, werden aus dem kleinen Muskel oder dem halbierten Muskel des großen Hüftmuskels geschnitten (der große und der kleine Hüftmuskel sind durch eine zähe Sehne getrennt, die ausgelöst werden muss).

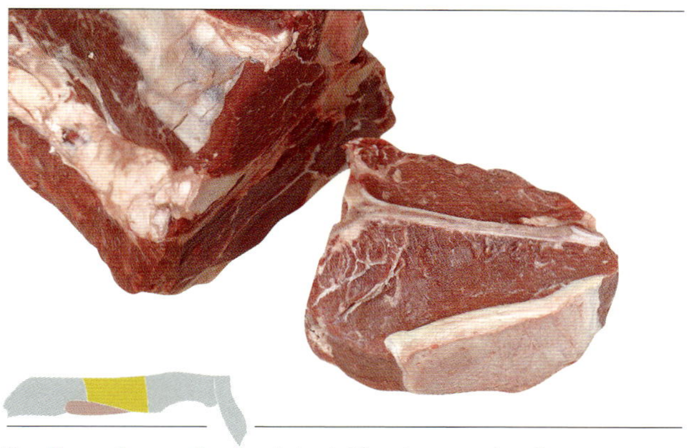

Das **Porterhouse-Steak** wird mit Knochen aus dem letzten Teil des Nierstücks in Richtung Hüfte geschnitten und hat einen größeren Filetanteil als das T-Bone-Steak. Es wird etwa 4 cm dick geschnitten und wiegt zwischen 600 g und 1 kg.

Die **Huft- oder Hüftsteaks** stammen aus der Hüfte (Schmalseite oder breiten Seite) und wiegen 150 bis 180 g, wenn sie 2 bis 3 cm dick geschnitten werden. Sehr ähnlich, nur etwas schwerer sind die Kluftsteaks (Beefsteaks) aus der Oberschale

Die zartesten und teuersten Steaks werden aus dem Filet unterhalb der Knochen des Roastbeefs geschnitten. Bleibt der Knochen dran, erhält man ein **Bone-In Filet**. Ein doppeltes Filetsteak aus dem dickeren Teil wird Chateaubriand genannt, die Steaks aus dem schmaleren Teil heißen Tournedos und die aus der Spitze Filet mignon.

Rinderfilet heißt der schmale Fleischstrang unter dem Roastbeef. Es ist so zart, dass es als Steak jedem gelingt. Am besten sind die Stücke aus dem mittleren Teil, die sich in dicke Filetsteaks oder Tournedos schneiden lassen.

STEAK

PRAXIS

Gutes gereiftes Fleisch ist die eine Seite, die richtige Zubereitung die andere. Wer sein Steak außen knusprig und innen saftig will, muss die Profitricks kennen

AUGEN AUF BEIM STEAK-EINKAUF

Die Genussqualität eines Stück Rindfleischs ist nicht leicht zu erkennen

Ein gutes Steak soll einen zart-kernigen Biss haben, nicht zu viel Fett aufweisen und vor allem gut schmecken. Damit ein Fleisch Premium-Qualität erreicht und zum „Prime Beef" wird, sind viele Faktoren nötig. Die Rinderrasse, das Mastverfahren, Geschlecht und Alter der Tiere, die Schlachtung und schließlich die Reifung.

Wie gut und zart ein Steak zum Schluss wird, lässt sich von einem Nicht-Fachmann nur schwer erkennen. Hier gehört Vertrauen zum Fleischer dazu.

Ein Merkmal ist die Fleischfarbe: Ein helles bis mittleres Rot zeigt, dass das Rind relativ jung war und ein zarteres, feinfaseriges Fleisch ergibt als beispielsweise ältere Kühe oder Bullen, bei denen die Fleischfarbe dunkelrot bis bräunlich ist und die Fleischfasern wesentlich derber und zäher sind.

Hände weg von Fleisch, das regenbogenartig schillert oder gar grünlich aussieht, es wurde falsch gelagert und ist bei zu hoher Temperatur lange mit Sauerstoff in Berührung gekommen.

Aber ob das Fleisch genügend lange gereift ist, lässt sich beim fertig portionierten Stück nur schwer an der Farbe erkennen. Ein sehr helles, leuchtendes Rot deutet auf eine zu kurze Lagerung hin. Besser ist ein etwas dunkleres Rot. Ob das Fleisch aber saftig und zart ist, kann man leider nicht sehen. Dies zeigt sich erst bei der Zubereitung.

Der Fettrand ist bei jungen Tieren fast weiß, bei älteren wird er dunkler, gelblicher. Allerdings haben auch Weidetiere durch das Grünfutter eine cremiggelbliche Fettfarbe.

Das wichtigste Merkmal allerdings ist **die Marmorierung** des Fleisches, das sogenannte intramuskuläre Fett. Dieses ist für die Genussqualiät von entscheidender Bedeutung. Es gibt Aroma, schmilzt beim Braten oder Grillen und hält das Fleisch so saftig. Bei zu magerem Fleisch sind in den Muskelpartien keine weißen Fettadern zu erkennen, bei zu fettem Fleisch sind diese zu stark ausgeprägt und dick, solche Steaks schmecken ebenfalls nicht. Diese Marmorierung, das intramuskuläre Fett, wird erst zum Schluss der Mästung ausgebildet, vorher entwickelt sich das Auflagefett, das außen am Fleischstück, und das intermuskuläre Fett, das zwischen den einzelnen Muskelpartien sitzt. Wer also ein gut marmoriertes Steak will, muss diese Fetteinlagen akzeptieren. Diese sollten auch nie vor dem Braten entfernt werden, sie sorgen ebenfalls für Saftigkeit und Geschmack. Wer Angst vorm Fett hat, entfernt die Fettränder erst auf dem Teller.

Das Fleisch sollte insgesamt gut marmoriert, seine Farbe nicht zu dunkel, aber auch nicht zu leuchtend rot sein. Das Fett sollte weiß sein.

Bei Kalbsfleisch sollte die Fleischfarbe hell- bis zartrosa sein, der Fettrand weiß. Etwas dunkleres, rosiges Fleisch hat allerdings mehr Geschmack als helles.

Lammfleisch stammt von jungen Tieren, die nicht älter als ein Jahr sein dürfen. Gute Qualität zeigt sich an der hellroten Fleischfarbe und an weißem Fett.

EIGENTLICH **GANZ EINFACH** EIN GUTES STEAK

PRAXIS-TIPPS vom Chefkoch

VORHER beachten

Auf die Schnelle lässt sich kein zarter Leckerbissen aus der Pfanne zaubern, Vorarbeit ist wichtig

- Die Steaks müssen gleichmäßig und nicht zu dünn geschnitten sein.
- Rechtzeitig aus dem Kühlschrank nehmen und Zimmertemperatur annehmen lassen.
- Steaks möglichst immer frisch kaufen. Falls das nicht möglich ist, tiefgekühlte Steaks am besten über Nacht im Gemüsefach des Kühlschranks auftauen lassen, damit sie nicht zu viel Fleischsaft verlieren.
- Steaks nie waschen, nur mit Küchenpapier gut trocken tupfen, damit das Fett beim Garen nicht spritzt.
- Einen Teil des Fettrandes bei Entrecôtes, Roastbeef oder Rumpsteaks stehen lassen.
- Steaks brauchen starke Hitze. Je dünner die Scheiben, desto heißer muss die Pfanne sein. Dickere Scheiben erst bei starker, dann bei verringerter Hitze garen.
- Nach Belieben die Steaks nach dem Braten oder Grillen in der Pfanne oder im Ofen nachziehen lassen, damit sich das Fleisch entspannen und der Fleischsaft wieder verteilen kann.
- Erst nach dem Wenden oder Braten mit Salz würzen, damit nicht unnötig Fleischsaft entzogen wird.

GARZEITEN von Steaks

Ungefähre Garzeiten für ein Steak von 200 g, 2 bis 3 cm dick geschnitten, pro Seite bei starker Hitze

Rare (bleu, stark blutig): 2 bis 3 Minuten – das Steak ist außen nur in dünner Schicht gebräunt, innen noch blutig-rot, der Fleischsaft beim Anschneiden dunkelrot.

Medium rare (saignant, blutig): 2,5 bis 4,5 Minuten – schon knusprige Kruste, das Fleisch ist im Kern blutig, der Fleischsaft noch rötlich.

Medium (à point, mittel durch): 3,5 bis 5 Minuten – im Kern ist das Steak noch rosig, beim Anschneiden tritt noch rosafarbener Fleischsaft aus.

Medium well (fast durch): 4 bis 6 Minuten – das Steak ist zwar gleichmäßig rosig, es tritt aber kein rötlicher Fleischsaft beim Anschneiden aus.

Well done (bien cuit, ganz durch): 4 bis 8 Minuten – das Fleisch ist gleichmäßig rötlich-bräunlich durchgegart, der Fleischsaft hellgelb.

RARE
bleu, stark blutig

MEDIUM RARE
saignant, blutig

MEDIUM
à point, mittel durch

Die **AUFBEWAHRUNG**

Kalt und luftdicht bleibt ein Steak am besten frisch

Rohes Rindfleisch am Stück hält sich im kältesten Teil des Kühlschranks höchstens vier Tage. Gleich nach dem Einkauf aus der Verpackung nehmen, mit Küchenpapier gut trocken tupfen und auf einen Teller legen. Mit Frischhaltefolie stramm abdecken und um den Teller herum einhüllen. Wer mag, kann die Steaks vorher von beiden Seiten mit neutralem Öl einreiben, das macht sie noch etwas zarter.

Die **GARSTUFE** von Steaks

Ob man das Steak „rare" „medium rare" oder „medium" mag, ist eine persönliche Geschmackssache. Aber alle Garzeiten-Angaben können nur grobe Anhaltspunkte sein. Den Gargrad erkennt man am ehesten durch die Druckprobe: Mit dem Daumen (oder mit einem Löffel) leicht auf die Mitte des Steaks drücken. Je nach Widerstand des Fleischs ist das Steak weniger oder mehr durchgegart

Gefühl für Druckprobe bekommen:
Garstufe „rare": Die rechte Hand locker lassen, mit dem Daumen der linken Hand auf den dicken Daumenmuskel der rechten Hand drücken (innen unterhalb des Daumens) – so fühlt sich rohes Fleisch an.
Garstufe „medium": Daumen- und Mittelfingerspitze der rechten Hand aneinanderlegen – der Druck mit dem linken Daumen auf den rechten Daumenmuskel zeigt, wie sich ein Steak mit rosa Kern anfühlt.
Garstufe „well done": Die Spitze des Daumens auf die Spitze des kleinen Fingers legen, jetzt ist der Daumenmuskel so fest wie ein gleichmäßig durchgegartes Steak.

MEDIUM WELL
fast durch

WELL DONE
bien cuit, ganz durch

Das richtige **FETT ZUM BRATEN**

Damit das Steak rasch eine Kruste bilden kann, muss das Fett wasserfrei und hoch erhitzbar sein, damit es nicht zu rauchen beginnt

- Wird das Fett oder Öl zu stark erhitzt, beginnt es zu qualmen und kann ungesunde Stoffe entwickeln.
- Hoch erhitzbare Fette sind Palmfett (möglichst ungehärtetes) und Butterschmalz. Von den Ölen sind Erdnussöl, raffiniertes Rapsöl und spezielle Frittieröle am besten geeignet.
- Zunächst die Pfanne trocken erhitzen, dann erst Fett oder Öl hineingeben. Es ist heiß genug, wenn sich an einem eingetauchten Holzstäbchen sofort kleine Bläschen bilden.

Mut zur **WÜRZE**

Salz und reichlich Pfeffer sind ein Muss, doch es gibt noch mehr Gewürze, die den Steaks zum Schluss den rechten Pfiff geben

- Getrocknete Kräuter wie Thymian und Oregano, beim Wenden auf die gebratene heiße Seite des Steaks gestreut, verbreiten feinen Duft und geben ein intensiv würziges Aroma.
- Paprikapulver, mild oder scharf, ebenfalls erst aufs gebratene Fleisch geben, sonst verbrennt es im heißen Fett.
- Frische Würze geben geriebene Zitronen- oder Orangenschale, Minze und Ingwer.
- Exotisch wird's mit Kardamom und Kreuzkümmel.
- Block House Steakpfeffer.

RICHTIG & FALSCH

- *Steaks nicht waschen, nur trocken tupfen – der dünne Film aus Fleischsaft an der Oberfläche gibt die würzige Kruste.*
- *Fettränder nicht ganz abschneiden. Einen Streifen stehen lassen (etwa 5 cm).*
- *Eine Wendezange oder einen Spatel zum Wenden nehmen, nicht mit einer Fleischgabel einstechen, sonst tritt Fleischsaft aus.*
- *Steaks immer mit Abstand in die Pfanne legen, sonst kleben sie aneinander.*
- *Fleisch erst wenden, wenn es sich leicht vom Pfannenboden lösen lässt.*
- *Nach dem Wenden oder kurz vor dem Servieren salzen und pfeffern, damit nicht unnötig Fleischsaft austritt.*

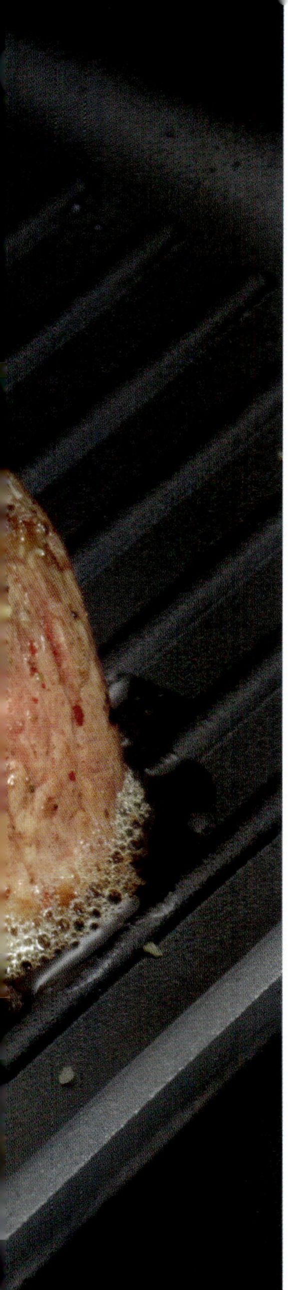

Stark anbraten, dann bei sanfterer Hitze fertig garen. Das ist das ganze Geheimnis zarter Steaks aus der Pfanne. Gewürzt wird erst beim Wenden, damit durch das Salz vorher kein Saft entzogen wird

BRATEN IN DER Pfanne

Die Pfanne

Das Wichtigste ist eine gute schwere Pfanne, die sich hoch erhitzen lässt. Am besten eine aus Eisen (unbeschichtet und nicht emailliert). Beschichtete Pfannen verhindern zwar das Anhängen der Steaks, lassen sich aber nicht so hoch erhitzen wie nötig.

Vorm ersten Gebrauch sollten eiserne Pfannen „eingebrannt“ werden: Etwas hoch erhitzbares Öl (Erdnussöl, raffiniertes Rapsöl oder Palmöl) bis kurz vor den Rauchpunkt erhitzen, Pfanne vom Herd nehmen und abkühlen lassen. Öl abgießen und die Pfanne mit Küchenpapier säubern. Sie wird nie mit Wasser und Spülmittel gereinigt, sondern nur mit Küchenpapier. Hängt trotz sorgfältiger Behandlung nach dem Braten einmal etwas an, kann die Pfanne auch erhitzt, mit Salz ausgestreut und anschließend mit Küchenpapier ausgerieben werden.

Das Braten

Zum Braten sollen die Steaks durch und durch Zimmertemperatur haben (ein kühlschrankkaltes Steak gart nicht gleichmäßig bis zum Kern) und mit Küchenpapier trocken getupft werden. Nach Belieben rundum mit hoch erhitzbarem Öl einreiben.

Die Pfanne ohne Fett sehr heiß werden lassen. Erst wenn sie so heiß ist, dass man kaum die Hand länger über den Pfannenboden halten kann, ein wenig Fett in die Pfanne geben und stark erhitzen.

Zur Probe, ob das Fett heiß genug ist, eine kleine Ecke eines Steaks ins Fett halten. Wenn es sofort kräftig brutzelt, ist es heiß genug. Dann schnell die Steaks mit etwas Abstand in die Pfanne legen. Ruhe bewahren, auch wenn es stark brutzelt. Nicht die Temperatur sofort herunterdrehen. Zu heiß darf es jedoch auch nicht sein: Mit Gefühl vorgehen. Warten, bis sich an der Oberfläche des Fleisches kleine Blutströpfchen zeigen. Wenn sich die Steaks leicht vom Pfannenboden lösen lassen, einmal wenden. Anhaltspunkte für die Garzeiten je Steak-Seite siehe Seite 44/45.

Nach dem Wenden mit Salz und Pfeffer würzen, fertig braten und die Steaks aus der Pfanne nehmen.

Wenn Sie mögen, lassen Sie das Fleisch noch zwei bis drei Minuten in Alufolie gewickelt liegen. Achtung, dass es nicht kalt wird. Schön heiß schmeckt ein gutes Steaks am besten.

Den Bratsatz in der Pfanne mit einem Schuss Wein oder Fleischbrühe ablöschen und für eine Sauce verwenden.

RICHTIG & FALSCH

- *Gut „marmorierte" (von feinen Fettadern durchzogene) Steaks aus dem Roastbeef oder Hochrippensteaks am Knochen eignen sich besonders zum Grillen.*
- *Eine Dicke von 2 bis 3 cm ist optimal. Dünnere Steaks garen zu schnell durch, dickere werden außen rasch zu dunkel, während sie innen noch roh sind.*
- *Zu dicke Fettränder am Fleisch bis auf einen kleinen Rest abschneiden, damit kein Fett in die Glut tropft und entflammt.*
- *Von den Steaks dürfen keine unregelmäßigen Teile abstehen, die durch das Grillgitter hängen und verbrennen würden.*
- *Zum Bestreichen von Grillgut und Grillrost hoch erhitzbare Öle und Fette wie Erdnussöl, Rapsöl (raffiniertes), Kokosöl oder spezielle Bratöle nehmen. Ungeeignet sind Keimöle oder Diätöle.*
- *Richtig gegrillte Steaks sind rundum gut gebräunt und innen saftig. Wenn sie außen zu dunkel und innen noch blutig sind, war die Hitze zu groß, der Abstand zur Kohle zu gering.*

Heiße Grillstäbe geben den Steaks das dekorative, appetitliche Muster. Beim nochmaligen Wenden um ein Viertel drehen, so entsteht ein schönes Kreuzmuster auf dem Fleisch

GRILLEN MIT Kohle

Das Grillen

Kein halbwegs schöner Sommertag, an dem nicht die Küche in den Garten, auf die Terrasse, oder die öffentlichen Grillplätze verlegt wird. Trotz aller Bequemlichkeit, die Elektro- und Gasgrills bieten: Puristen schwärmen für das Räucheraroma, das glühende Holzkohle dem Fleisch vermittelt. Auch wenn es sich vor allem um die Röststoffe handelt, die sich beim Grillen aus dem Fleischsaft bilden.

Beim Rösten von Fleisch über glühender Kohle wird die Oberfläche rasch versiegelt, der Saft bleibt im Steak, und es bildet sich die würzige Kruste. Liegt das Fleisch auf dem heißen Rost, kommt noch ein weiterer Garprozess hinzu: die Wärmeleitung vom Metall zum Grillgut.

Ein Steak vom Kohlegrill schmeckt nur dann richtig gut, wenn die Hitze stark genug ist, damit die Garzeit kurz sein kann. Wenn auch Holzkohlebriketts länger glühen, eignet sich für Kurzbratstücke Holzkohle jedoch besser. Sie gibt schneller stärkere Hitze.

Nach dem Entzünden mit Grillanzündern (kein Benzin und keinen Spiritus verwenden, der Umgang damit ist höchst gefährlich) warten, bis die Kohle gleichmäßig glüht und von einer weißen Ascheschicht überzogen ist. Sanftes Fächeln oder Pusten beschleunigt das Durchglühen, zu starkes Blasen lässt die Kohle verglühen, ehe sie genügend Hitze abgibt.

Ehe die Steaks auf das Grillgitter gelegt werden, muss dieses bereits sehr heiß sein. Also dicht über der Glut auflegen und erhitzen, dann hängt das Grillgut nicht an. Am besten das Fleisch rundum mit etwas Öl einreiben, dann auf den im letzten Moment leicht geölten Rost legen und warten, bis sich die Steaks mit einer Grillzange leicht lösen lassen. Die Steaks zum Schluss um ein Viertel gedreht noch einmal auf die zuerst gegrillte Seite legen, das erzeugt das typische Rautenmuster. Jetzt erst die obere Seite mit Salz und Pfeffer würzen.

RICHTIG & FALSCH

- *Grillsteine möglichst flächig erhitzen (im Ofen, über einer Gasflamme mit Flammensieb darunter oder über Grillkohle). Bei punktueller Erhitzung können sie platzen.*
- *Zum Anfassen sehr dicke Grillhandschuhe oder spezielle Greifer verwenden, der Stein wird sehr heiß.*
- *Vor dem Grillen den Stein mit ein wenig Salz bestreuen, damit das Fleisch nicht anhängt.*
- *Für Gemüse und Obst lässt sich die Restwärme nutzen, dazu den Stein umdrehen, seine Unterseite ist dafür noch heiß genug.*
- *Zum Reinigen muss der Stein abgekühlt sein. Am besten nur in warmes Wasser legen und mit einem Schwamm säubern. Bei hartnäckigen Verkrustungen hilft ein Topfkratzer.*

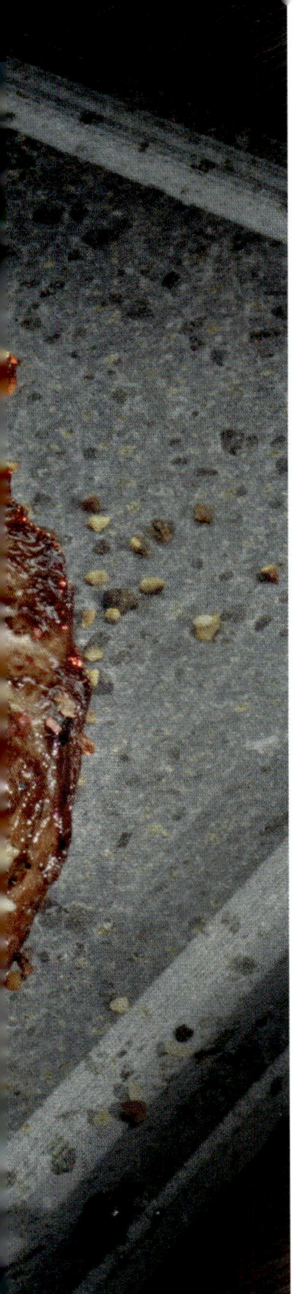

GAREN AUF DEM heißen Stein

Der Stein

Lange bevor es Töpfe und Pfannen gab, rösteten die Menschen Fleisch, Fisch und Brot auf flachen Steinen, die im Feuer erhitzt wurden. Vor über 3000 Jahren backten die Etrusker schon eine Art Pizza auf solchen Steinen, und auch das toskanische platte Huhn, unterm heißen Ziegelstein gebacken, gehört in diese Tradition. In Japan ist das „Ischiyaki", das Stein-Braten am Tisch, eine beliebte Gästebewirtung.

Auch im Block House werden Premium-Steaks auf einer Kombination von heißem Stein und Grill bei 400 °C zubereitet. Einem Lavastein-Grill, der von Eugen Block entwickelt wurde. Die Steine geben die Hitze an den Stahlgrillrost ab. Der spezielle Stahl kann auf Temperaturen bis zu 1000 °C erwärmt werden. Dabei kommt es auf die Erfahrung und das Fingerspitzengefühl der Griller an, damit das Fleisch in kürzester Zeit den vom Gast gewünschten Gargrad hat.

Für das Stein-Grillen zu Hause eignen sich kleinere Lava-Grillsteine, die auf dem Gasherd (mit Flammensieb darunter) oder im Ofen auf größtmögliche Hitze gebracht werden. Für Gartengrills kann auch ein runder oder rechteckiger „Pizzastein", der über glühender Holzkohle erhitzt wird, verwendet werden.
Eigentlich dient dieser ja zum Backen von Pizza, lässt sich aber auch zum Grillen von Fleisch nutzen.

Bei direkter Hitze lassen sich die Grillsteine in gut 30 Minuten auf Temperaturen von etwa 300 °C bringen, im Backofen werden meist nur 250 °C erreicht – und das Aufwärmen dauert etwa 1 Stunde. Um den heißen Stein auf den Tisch zu bringen sind sehr dicke, wärmeisolierende Handschuhe und ein passendes Holzbrett als Unterlage notwendig. Je nach Dicke des Steins kann etwa 45 Minuten darauf gegrillt werden.

Zum Garen auf dem heißen Stein eignen sich zu Hause nur sehr dünne Steaks, die aus gut marmoriertem Fleisch geschnitten werden. Da diese „Minutensteaks" so klein und dünn sind, können sie auch aus anderen Fleischteilen geschnitten werden als die klassischen Steaks. Oberschale, Kugel und Hüfte sind geeignet, wenn das Fleisch lange genug gereift ist.

Auf dem heißen Stein dürfen sie nur sekundenlang – höchstens eine halbe Minute auf jeder Seite – gebraten und dabei nur einmal gewendet werden. Innen müssen sie noch rosig bleiben. Gewürzt wird nach dem Garen mit Salz und Pfeffer oder z. B. mit Sojasauce und geriebenem Ingwer.

Auf dem heißen Lavastein lässt es sich gut am Tisch mit Gästen grillen. Die Steaks geraten darauf sehr saftig, wenn sie von bester Qualität und schön von Fettadern durchzogen sind

RICHTIG & FALSCH

- *Dicke Steaks und Roastbeef können auch kurz vor dem Anbraten gewürzt werden, da es bei ihnen länger dauert, bis die Würze ins Fleisch gelangt.*
- *Bei Steaks mit Fettrand und bei Roastbeef einen Streifen der Haut-/Fettschicht (etwa 5 cm) stehen lassen.*
- *Das Fleisch in der Pfanne rundum anbräunen (auch an den Seiten).*
- *Zum Wenden nie eine Fleischgabel, sondern eine Bratenzange oder den Pfannenwender nehmen.*
- *Damit es saftig bleibt, das ganze Bratenstück bei geöffneter Tür und ausgeschaltetem Ofen langsam entspannen lassen.*

Dickere Stücke oder Roastbeef gelingen im Ofen am besten. Und mit zugeschaltetem Grill lassen sich auch Steaks für mehrere Gäste gleichzeitig zubereiten; sie sind sehr schnell gar

BRATEN UND GRILLEN im Ofen

Der Ofen

Bei Pfanne, Grill oder heißem Stein wirkt die Hitze nur von einer Seite auf das Steak, bildet eine Kruste und gart das Fleisch mehr oder weniger durch. Je dicker die Steaks aber sind, so wie bei einer dicken Scheibe Hochrippe oder einem Roastbeef, umso länger dauert es, bis die gewünschte Garstufe im Inneren erreicht wird. Bei einseitiger Hitze wären dann die äußeren Schichten durchgebraten und der Kern noch roh.

Für solche Fleischstücke eignet sich ein kombiniertes Garverfahren am besten: rasches Anbraten bei starker Hitze in der Pfanne, dann das Weitergaren in der Rundumhitze des Backofens. Das ist recht unkompliziert, allerdings sollte der Ofen die Temperatur auch möglichst konstant halten. Ein Backofenthermometer ist zur Kontrolle empfehlenswert. Vor allem sollte die Backröhre rechtzeitig vorgeheizt werden, sonst sind die Schwankungen zu groß. Ober- und Unterhitze ist für das Garen von Fleisch besser als Umluft, die die Oberfläche zu sehr austrocknet.

Zwar lässt sich auch mit der Druckprobe (siehe Seite 44/45) der Gargrad bestimmen, sicherer und zuverlässiger ist bei dicken Fleischstücken jedoch die Probe mit einem Bratenthermometer. Aber erst kurz vor der angegebenen Bratzeit die Thermometerspitze bis zur Fleischmitte einstechen, damit nicht unnötig Fleischsaft austritt.

Garstufen: rare bis medium rare – 50 bis 60 °C, medium – 60 bis 70 °C, well done – 80 °C.

Hat der Backofen eine Grillvorrichtung, lassen sich auch mehrere flache Steaks gleichzeitig zubereiten. Hierfür gelten die Regeln wie beim Grillen auf Kohle: Also den Grill gut vorheizen (hier genügen meist schon 5 Minuten), das Gitter heiß werden lassen und die geölten Steaks darauflegen. Ein Backblech unter dem Gitter verhindert, dass Fleischsaft auf den Ofenboden tropft. Zum Wenden der Steaks das Gitter samt Backblech aus dem Ofen ziehen.

STEAK

GENUSS

Leckere Steaks und Beilagen
gemeinsam vorbereiten
und essen macht doppelt Spaß

VOLLER **LEIDENSCHAFT**

DIRK BLOCK, der neue Chef des Block House Imperiums, verrät sein Lieblingsessen: Rib-Eye-Steak, gut marmoriert, gegrillt auf heißem Lavastein

Gewiss", sagt er, „der Name Block ist in so einem Haus nicht gerade von Nachteil, aber er entbindet einen nicht davon, Leistung zu bringen. Eher im Gegenteil." Worte des Junior-Chefs, Worte von Dirk Block, Vorstand Restaurantbetriebe. Chef von 1000 Männern und Frauen, die in 34 deutschen Block House Restaurants und sechs internationalen Franchisebetrieben an 363 Tagen im Jahr für den Gast da sind. Er ist verantwortlich für einen Jahresumsatz von über 85 Millionen Euro, zuständig für den strategischen Blick nach vorn, der heißt: „Wenn wir 50-jähriges Jubiläum feiern, haben wir 50 Block House Restaurants!" Kurze Pause, dann: „Letztendlich wollen wir über 100 Jahre alt werden."

Ein Gespräch mit Dirk Block, das ist wie das Steak, das in den Block House Restaurants serviert wird: erste Klasse, auf den Punkt! Seine Augen sind wach, seine Gedanken konzentriert. Er lächelt gern, er lacht gern – und in jeder Phase des Gesprächs wird deutlich, wie wichtig Dirk Block seine Arbeit ist. Die Nachfolgeschaft des Eugen Block zu übernehmen ist mehr als nur schnell mal ein Steak auf dem Teller zu genießen: Das ist eine Lebensaufgabe. Aber eine, die Dirk Block voller Leidenschaft übernommen hat. Hat er manchmal Angst vor den berühmten großen Schuhen, die große Väter hinterlassen? Klare Frage – klare Antwort. „Ich trage meine eigenen Schuhe." Dirk Block fügt lächelnd hinzu: „Wer in die Fußstapfen eines anderen tritt, der wird ihn nie überholen!"

Wer ist dieser Dirk Block, der mit 28 Jahren genug Profil hatte, Direktor der Block House Kette zu werden, und der mit 32 Jahren in den Vorstand berufen wurde? Er ist groß, schlank. Engagiert und akribisch im Beruf. Freundlich und charmant. Begeisterter Fußballspieler. Sehr guter Golfer. Lieblingsessen ist natürlich Steak, auf heißem Lavastein-Grill gegrillt. Am liebsten Rib Eye, gut marmoriert, „mit einem ordentlichen Stück Fett dran". Gern auch Hühnerfrikassee, von der Mutter zubereitet. International ist er bestens ausgebildet – Hotelfachmann im Vier Jahreszeiten München, 18 Monate im Hotel Intercontinental in New

Dirk Block in Action: immer freundlich, immer konzentriert. Er ist verantwortlich für einen Jahresumsatz von 85 Millionen Euro. Der Junior-Chef: „Wir wollen 100 Jahre alt werden"

York für die Bereiche Essen und Trinken zuständig, wirtschaftliches Wissen in Edinburgh, MBA-Abschluss in Management und Personalwesen. Und obendrein ist er im wahrsten Sinne des Wortes ein Block House Kind. Er ist mit dem Block House groß geworden. Die Tauffeierlichkeiten fanden im Block House Bergedorf statt, und so manch treuer Mitarbeiter erinnert sich noch heute daran, dass Dirk Block als Steppke Schubladen aufgezogen und Pommes stibitzt hat…! Dirk Block: „Schon als kleiner Junge wollte ich wissen, wo mein Vater ist, wenn er den ganzen Tag nicht zu Hause ist… und abends viel von seinem Geschäft erzählte. So wuchs mein Interesse, und ich habe mich dann immer gefreut, wenn mein Vater mich mitgenommen hat."

Gibt es Unterschiede im Führungsstil zwischen Block senior und Block junior? „Sicher", sagt Dirk Block, „mit mir als zweite Generation kommt natürlich auch eine neue Generation Führungskräfte ins Haus. Aber mein Vater und ich sind uns komplett einig in der Philosophie. Und die heißt: 110 Prozent Leistung für 95 Euro." Nun, es reicht nicht, eine Philosophie vorzugeben – sie muss gelebt, erlebt werden. Sie muss selbst erarbeitet werden. „Das haben wir mit unseren Mitarbeitern gemacht", sagt Dirk Block, „am Ende von mehreren Workshops standen die Leitlinien, für die die Block House Mitarbeiter eintreten."

Was immer Dirk Block von seinem 1000-Mann-Team verlangt – er selbst lebt es vor. So stand er – nach seiner Rückkehr aus Amerika und Schottland – in der Block House Gruppe nicht gleich als Direktor da, sondern als Praktikant in der Fleischerei und in der Menü-Produktion. Danach wurde er Betriebsleiter im Block House Volksdorf. „Dort habe ich den Umsatz gesteigert", sagt Dirk Block nicht ohne Stolz. Auf der Karriereleiter wurde er Assistent des Vorstandes – ein Traumjob für viele Uni-Absolventen. Doch Dirk Block ging es nicht schnell genug, er fühlte sich nicht ausgelastet. „Ich konnte zwar viel lernen, aber ich wollte endlich auch selbst entscheiden." So ging der Junior ‚fremd' und eröffnete in Poppenbüttel mit der Trattoria Brunello ein italienisches Restaurant. Tagsüber arbeitete er im väterlichen Unternehmen – abends war er eigener Unternehmer, und durch den Erfolg konnte er seinem Vater beweisen, dass er das Geschäft beherrscht!

Und – steckt hinter diesem starken, jungen Mann, der eines Tages das Gesamtunternehmen leiten wird, auch eine starke, junge Frau? Ja! Meike heißt sie, eine angehende Ärztin. „Mit ihr kann ich über alles reden. Sie steht auch nachts um eins auf, um sich mit mir eine Stunde zu unterhalten. Gut gelebte Partnerschaft – davon können beide partizipieren. Sie ist ein wahres Juwel in meinem Leben."

Lesen Sie auf den folgenden Seiten, was der Genießer und Experte Dirk Block Ihnen an Rezepten für Vorspeisen und Hauptgerichte vorschlägt. Dirk Block: „Ich wünsche Ihnen einen guten Appetit und viel Freude beim Nachkochen!"

LEITLINIEN für die Block House Mitarbeiter

OFFENHEIT & EHRLICHKEIT
Das bedeutet: *Wir kommunizieren persönlich und direkt miteinander und schaffen durch gegenseitiges Vertrauen gemeinsame Lösungen.*

RESPEKT
Das bedeutet: *Wir respektieren und achten uns und erkennen die Arbeiten und Leistungen aller mit ihren Stärken und Schwächen an.*

VERANTWORTUNG
Das bedeutet: *Wir sind uns der Wichtigkeit unseres Handelns bewusst und übernehmen Verantwortung für jeden Einzelnen, um die Zukunft unseres Unternehmens erfolgreich zu gestalten.*

ZUVERLÄSSIGKEIT
Das bedeutet: *Wir erreichen unsere Ziele, indem wir zuverlässig und vertrauensvoll miteinander umgehen.*

LEIDENSCHAFT
Das bedeutet: *Wir arbeiten mit sichtbarer Begeisterung, großem Einsatz und motivieren uns gegenseitig zu Höchstleistungen.*

Der Klassiker

Knackige Blattsalate, Tomaten, Gurken und Paprikaschoten mit einem cremigen Dressing gibt es bei Block House inklusive zu jedem Steak-Menü vorweg. Auf dem Teller appetitlich angerichtet sind sie ein erfrischender Gaumenkitzel und Appetitwecker, die bunten Farben machen fröhlich. Raffiniert komponierte Salate liefern jede Menge Vitamine und wertvolle Mineralstoffe. Die Salatsauce ist nicht nur für den Geschmack, sondern auch für die Vitaminaufnahme sehr wichtig.

Gemischter Salat mit American Dressing

Zutaten für 2 Personen

1/4 Eisbergsalat
1 ganz kleiner Radicchio
Bei größeren Mengen gern auch noch Rucola und Römersalat verwenden
2 kleine Tomaten
1 Stange Staudensellerie
40 g Sahne
1 1/2 EL Mayonnaise
1 1/2 EL Tomatenketchup
1 EL Joghurt
2 EL Orangensaft, frisch gepresst
Salz · Pfeffer · Zucker
je 1/2 TL fein gehackte Petersilie und Dill

Zubereitung: Die Salate putzen und waschen, den Eisbergsalat in Streifen schneiden, die Radicchioblätter in mundgerechte Stücke zerpflücken. Die Tomaten waschen und vierteln. Den Staudensellerie waschen, entfädeln und in feine Streifen schneiden. Die Salatzutaten in Schalen verteilen.
Für das American Dressing die Sahne mit Mayonnaise, Ketchup, Joghurt und Orangensaft vermischen, mit Salz, Pfeffer und einer Prise Zucker abschmecken. Zum Schluss die fein gehackte Petersilie und den Dill untermischen. Das Dressing über die Salate verteilen.

Mr. Rumpsteak

Was wäre ein herzhaftes Steak ohne seine heiße, dampfende Begleiterin aus dem Ofen mit einem Klecks Sour Cream darauf? Schon die Vorstellung lässt einem das Wasser im Mund zusammenlaufen. Und erst recht, wenn daneben noch das frisch geröstete Brot seinen Knoblauchduft verströmt. Herrlich, so ein klassisches Steak-Menü. Ob das Rumpsteak dazu nur mit Salz und Pfeffer oder mit Block House Steakpfeffer und Kräuterbutter serviert wird, oder ob ein raffinierter Chili-Beef-Dip dazu gereicht wird, ist eine Frage des persönlichen Geschmacks.

Steaks mit Chili-Beef-Dip

Zutaten für 2 Personen

2 Rumpsteaks (aus dem Roastbeef) à 250 g
1 EL Öl
Salz · Pfeffer oder
Steakgewürz *(siehe Seite 122, 124)*

Zubereitung: Die Rumpsteaks mindestens 30 Minuten vor der Zubereitung aus dem Kühlschrank nehmen, mit Küchenpapier trocken tupfen. Das Fleisch mit etwas Öl einreiben. Den Holzkohlegrill oder eine Grillpfanne anheizen. Den Grillrost oder die Pfanne leicht ölen, die Steaks bei starker Hitze auf jeder Seite 2 Minuten (blutig) – 3 bis 4 Minuten (medium) – 5 Minuten (well done) grillen, nach dem Braten mit Salz und Pfeffer oder Steakpfeffer bestreuen.
Auf heißen Tellern mit Chili-Beef-Dip und den Beilagen anrichten.

Chili-Beef-Dip *(siehe Seite 120)*

Baked Potato mit Sour Cream

2 sehr große Kartoffeln à 300 g
grobes Meersalz
100 g Magerquark
100 g Schmand oder Sauerrahm
1 EL Mayonnaise
1 EL Sahne
1 EL Öl
1/2 Knoblauchzehe
Salz · Pfeffer
je 1/2 TL feine Schnittlauchröllchen und fein gehackte Petersilie

Für die Baked Potatos den Backofen auf 250 °C vorheizen. Die Kartoffeln gründlich waschen, trocken tupfen und einzeln auf Alufolienstücke mit etwas grobem Meersalz legen. Die Kartoffeln fest in die Folie einwickeln und im heißen Ofen etwa 1 Stunde garen. Leider hat Block House uns das Originalrezept für die Sour Creme nicht verraten. Hier eine leckere Alternative: Den Quark mit Schmand oder Sauerrahm, Mayonnaise, Sahne und Öl verrühren. Die Knoblauchzehe fein hacken, mit Salz, Pfeffer und den Kräutern unter die Quarksahne rühren. Die garen Ofenkartoffeln auspacken, aufbrechen und mit Sour Cream servieren.

Knoblauchbrot *(siehe Seite 80, 124 – Texas-Rumpsteak)*

VORSPEISE

Tomaten-Zwiebel-Salat

2 Fleischtomaten
1 große weiße Zwiebel
1 EL Weißweinessig
1 EL Zitronensaft
1/2 TL Senf
Salz · Pfeffer
2 EL mildes Öl (Sonnenblumenöl)
2 TL fein gehackte Kräuter (Petersilie, Schnittlauch, Kerbel)

Zubereitung: Die Tomaten waschen, die Zwiebel schälen und beides in dicke Scheiben schneiden, auf Salattellern dachziegelartig anrichten.
Für das Dressing in einem Schüsselchen den Essig mit Zitronensaft, Senf, Salz und Pfeffer verrühren, bis sich das Salz aufgelöst hat. Das Öl mit einer Gabel kräftig unterschlagen, bis die Sauce cremig ist. Zuletzt die Kräuter untermischen und das Dressing gleichmäßig über die Tomaten- und Zwiebelscheiben träufeln.

Rumpsteak

NEW-YORK-STRIP

Rumpsteaks (New-York-Strip)

Zutaten für 2 Personen

2 große Rumpsteaks mit dickem, umlaufendem Fettrand, ca. 3 cm dick, 250 bis 300 g schwer
Öl zum Braten
Salz · Pfeffer oder Steakgewürz
50 g Kräuterbutter *(siehe Seite 118, 124)*

Zubereitung: Steaks etwa 1 Stunde vor der Zubereitung aus dem Kühlschrank nehmen. Den Fettrand bis zum Fleisch alle 3 cm einschneiden (nur die dünne Haut, die unter dem Fett sitzt, durchtrennen, nicht in das Fleisch schneiden). Das Fleisch dünn mit Öl bestreichen, leicht einmassieren.
Eine Grillpfanne oder schwere Eisenpfanne erhitzen, leicht ölen. Die Steaks bei starker Hitze erst auf jeder Seite 1 Minute anbraten, dann bei mittlerer Hitze pro Seite noch 2 bis 3 Minuten (blutig) – 3 bis 4 Minuten (medium) – 5 bis 6 Minuten (well done) grillen oder braten, beim Wenden mit Salz und Pfeffer oder Steakgewürz würzen.
Die Pfanne von der Herdplatte nehmen, die Steaks darin nach Belieben noch 5 Minuten nachziehen lassen. Die Kräuterbutter darauf schmelzen lassen und die Steaks auf heißen Tellern anrichten.

Maiskolben

2 große, fertig gekochte Maiskolben
Salz · Zucker
1 EL Butter

Zubereitung: Die Maiskolben in Salzwasser mit einer Prise Zucker heiß werden lassen. Abtropfen lassen und mit Butter bestreichen. Auf beiden Seiten Spieße zum Anfassen hineinstecken.
Oder die Maiskolben mit Butter rundum bestreichen und in Alufolie wickeln. Im heißen Ofen bei 225 °C etwa 10 Minuten backen.

Potato Wedges

(siehe Seite 105 – Chili-Huftsteak)

Pfeffersteak
MIT PFEFFERRAHMSAUCE

Rumpsteaks mit Pfefferrahmsauce

Zutaten für 2 Personen

2 Rumpsteaks (aus dem Roastbeef) à 200 g
je 1 TL schwarze und weiße Pfefferkörner
Öl zum Braten
1 große Schalotte
100 g Demiglace (Fertigprodukt)
oder 2 EL Saucenpulver („Sauce zum Braten")
Salz
1/2 TL grüne Pfefferkörner
2 EL Whiskey oder Cognac
50 g Sahne

Zubereitung: Die Rumpsteaks mindestens 30 Minuten vor der Zubereitung aus dem Kühlschrank nehmen, mit Küchenpapier trocken tupfen, einen Streifen des Fettrandes (5 cm) stehen lassen.
Die schwarzen und weißen Pfefferkörner im Mörser grob zerkleinern, die Steaks damit auf beiden Seiten bestreuen, fest andrücken. Mit etwas Öl beträufeln und vorsichtig einmassieren. Den Backofen auf 70 °C vorheizen.
Die Schalotten schälen und klein würfeln. Die Demiglace bereitstellen, oder die Bratensauce nach Packungsangabe mit etwa 100 ml Wasser zubereiten.

Eine Grillpfanne oder schwere Eisenpfanne erhitzen, leicht ölen. Die Steaks bei starker Hitze auf jeder Seite 2 Minuten (blutig) – 3 bis 4 Minuten (medium) – 5 Minuten (well done) grillen oder braten, beim Wenden salzen.
Die Steaks aus der Pfanne nehmen, in Alufolie wickeln und im Ofen noch etwa 10 Minuten nachziehen lassen.
Die Schalottenwürfel mit den grünen Pfefferkörnern in der Pfanne andünsten, mit dem Whiskey ablöschen und den Bratsatz loskochen. Die Demiglace (oder die Bratensauce) und die Sahne in die Pfanne rühren, bei sanfter Hitze kurz kochen lassen, mit Salz abschmecken und zu den Steaks servieren.

Beilage: Grüne Bohnen

250 g zarte grüne Bohnen · Salz
1 kleine Zwiebel
1 EL Butter
1 TL gehacktes Bohnenkraut
Pfeffer · Zucker

Zubereitung: Die Bohnen putzen und waschen, eventuell entfädeln. In reichlich sprudelnd kochendem Salzwasser in 8 bis 12 Minuten bissfest garen. In ein Sieb abgießen, mit kaltem Wasser überbrausen und abtropfen lassen.
Die Zwiebel schälen und fein hacken. In Butter glasig dünsten. Die Bohnen und das Bohnenkraut zugeben, kurz durchschwenken, bis die Bohnen heiß sind. Mit Salz, Pfeffer und einer Prise Zucker abschmecken.

VORSPEISE

Frühlingssalat mit Italian Dressing

2 Mini-Romanasalat (Römersalat, Salatherz)
1/2 gelbe Paprikaschote
1/2 rote Paprikaschote
1 Stange Staudensellerie
25 ml Rotweinessig
1/2 TL Senf
Salz · Pfeffer · Zucker
75 ml mildes Olivenöl
je 1/2 TL feine Schnittlauchröllchen, gehackte Petersilie und Basilikum

Zubereitung: Romanasalat waschen, längs halbieren und auf Salattellern anrichten. Die Paprikaschoten waschen, putzen und klein würfeln, über die Romanahälften streuen. Staudensellerie waschen und entfädeln, in feine Scheiben schneiden, ebenfalls darüber verteilen.
Für das Italian Dressing den Essig mit Senf, Salz, Pfeffer und einer Prise Zucker verrühren. Nach und nach das Olivenöl mit einer Gabel unterschlagen. Zum Schluss die Kräuter untermischen und das Dressing über den Salat geben.

VORSPEISE

Bruschetta

250 g kleine Kirschtomaten
1 milde weiße Zwiebel
2 Knoblauchzehen
1 Zweig Basilikum
1 EL Weißweinessig
4 EL Olivenöl · Salz · Pfeffer
4 dicke Scheiben großporiges Weißbrot

Zubereitung: Die Tomaten waschen und in kleine Stücke schneiden. Die Zwiebel schälen und grob hacken. Die Knoblauchzehen schälen, 1 davon fein würfeln. Die Basilikumblätter abzupfen und grob zerschneiden. Vorbereitete Zutaten mit Essig, Olivenöl, Salz und Pfeffer vermischen.
Die Brotscheiben eventuell quer halbieren, hellbraun rösten und heiß mit der übrigen halbierten Knoblauchzehe abreiben, auf Teller legen und die Tomatenmischung darauf verteilen.

Lammrücken
MIT RATATOUILLE

Ratatouille

1 Aubergine
1 mittelgroße Zucchini
1 rote Paprikaschote
1 grüne Paprikaschote
2 Zwiebeln
2 Knoblauchzehen
4 EL Olivenöl
500 g Tomaten
Salz · Pfeffer
je 1 TL gehackte Thymian- und Oreganoblättchen

Zubereitung: Die Aubergine schälen und in walnussgroße Stücke schneiden. Zucchini in ebenso große Stücke teilen. Paprikaschoten putzen, in Stücke schneiden. Zwiebeln und Knoblauch schälen, in Streifen schneiden.
In einer großen Schmorpfanne das Olivenöl erhitzen. Erst bei starker Hitze die Auberginenstücke unter öfterem Wenden in etwa 7 Minuten hellbraun anbraten. Die Zucchinistücke – nun bei mittlerer Hitze – zugeben und alles 5 Minuten weiterbraten. Zwiebeln und Knoblauch zugeben, bei mäßiger Hitze noch 5 Minuten braten. Die Paprikastücke zugeben, weiter offen schmoren. Die Tomaten überbrühen, häuten und in Stücke schneiden. Unter das Gemüse mischen. Mit Salz, Pfeffer und gehackten Kräutern würzen. Zugedeckt bei kleiner Hitze noch 30 Minuten schmoren.

Kräuterbutter *(siehe Seite 118)*

Lammrücken

Zutaten für 4 Personen

1 kg Lammrücken (küchenfertig, mit dünner Fettschicht noch darauf)
Salz · Pfeffer
2 TL scharfer Senf
2 TL Rosmarinnadeln
3 Salbeiblätter
Öl zum Braten
4 rote Zwiebeln
100 ml Rotwein

Zubereitung: Die Fettschicht vom Lammrücken mit einem scharfen Messer rautenförmig im Abstand von 2 cm bis knapp zum Fleisch einschneiden. Das Fleisch mit Salz, Pfeffer und Senf einreiben. Die Kräuter fein hacken, darüberstreuen. In einem Bräter 3 EL Öl erhitzen, das Fleisch bei mittlerer Hitze rundum in etwa 15 Minuten anbraten.
Backofen auf 80 °C anheizen (Temperatur mit einem Backofenthermometer kontrollieren!). Das Fleisch aus dem Bräter heben, das Öl bis auf einen kleinen Rest abgießen. Zwiebeln schälen, vierteln und im Ölrest anbraten. Mit Salz und Pfeffer würzen, den Rotwein angießen und zur Hälfte einkochen lassen.
Den Lammrücken auf die Zwiebeln setzen (Fettseite nach oben), den Bräter in den Ofen stellen und den Lammrücken bei 80 °C in etwa 3 Stunden (rosa) garen. Fleisch aufschneiden, mit Rotweinzwiebeln, Kräuterbutter und Beilagen servieren.

Kalbsmedaillons

MIT BROKKOLI

Brokkoli

500 g Brokkoli · Salz
1 Knoblauchzehe
2 EL Olivenöl · Pfeffer

Zubereitung: Den Brokkoli putzen, die Röschen ablösen. Die Stängel schälen und vierteln. Alles in Salzwasser offen 5 Minuten blanchieren, in ein Sieb abgießen, kalt abschrecken und abtropfen lassen. Den Knoblauch fein hacken. Die Hälfte vom Olivenöl erhitzen, den Knoblauch leicht anbraten, den Brokkoli dazugeben, salzen und pfeffern, im Öl heiß schwenken. Mit dem übrigen Olivenöl beträufeln, servieren.

VORSPEISE

Carpaccio

100 g Rinderfilet
2 EL Olivenöl · Salz · Pfeffer
2 TL Zitronensaft
40 g Parmesan am Stück
frische Basilikumblätter *(möglichst die Spitzen)*

Zubereitung: Das Rinderfilet sauber putzen und in dünne Scheiben schneiden. Die Scheiben zwischen geölter dicker Folie (am besten einen Gefrierbeutel aufschneiden) mit der flachen Seite eines Fleischklopfers ganz dünn klopfen. Flache Teller dünn mit etwas Olivenöl bestreichen Mit ein wenig Salz und Pfeffer bestreuen, die Filetscheiben darauf auslegen, auch die Oberfläche leicht salzen und pfeffern. Mit Olivenöl und etwas Zitronensaft beträufeln. Den Parmesan darüberhobeln, mit Basilikum garnieren.

Kalbsmedaillons *Zutaten für 2 Personen*

4 kleine Kalbsmedaillons, ca. 1,5 cm dick, à 60 g
4 Schalotten · Öl zum Braten
Salz · Pfeffer
4 EL Weißwein
100 ml Kalbsfond
2 EL Butter
1 EL Schnittlauchröllchen

Zubereitung: Die Kalbsmedaillons mit dem Handballen leicht flach drücken, mit Küchenpapier trocken tupfen. Die Schalotten schälen und in feine Scheiben schneiden. Den Backofen auf 80 °C vorwärmen.
In einer Pfanne etwas Öl stark erhitzen, die Medaillons auf jeder Seite 2 bis 3 Minuten braten, aus der Pfanne heben, mit Salz und Pfeffer würzen und mit Alufolie abgedeckt im Ofen warm halten. Im verbliebenen Öl die Schalotten goldgelb dünsten, den Weißwein zugießen und fast einkochen lassen. Den Kalbsfond aufgießen, noch ein wenig einkochen. Die Butter kräftig einrühren, die Sauce mit Salz und Pfeffer abschmecken.
Die Medaillons auf einem Teller anrichten, die Sauce angießen und mit Schnittlauchröllchen bestreut servieren.

Bone-In Filet

MIT KARTOFFELGRATIN

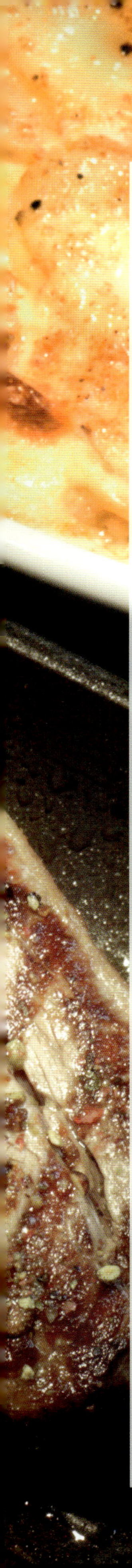

Filetsteaks mit Knochen

Zutaten für 2 Personen

2 Filetsteaks mit Knochen (Bone-In Filet) à 200 g
2 TL bunte Pfefferkörner (schwarze, weiße und rosafarbene)
Öl, Salz
2 EL Butter

Zubereitung: Den Fettrand der Steaks bis an das Fleisch leicht einkerben. Die Steaks trocken tupfen. Die bunten Pfefferkörner im Mörser zerdrücken oder mit einer Pfeffermühle sehr grob mahlen. Die Steaks auf beiden Seiten mit dem bunten Pfeffer würzen, mit Öl bestreichen und bei Zimmertemperatur 30 Minuten ruhen lassen.
Eine schwere Pfanne stark erhitzen, die Steaks auf jeder Seite 5 bis 8 Minuten (rosig–medium) braten, beim Wenden salzen. Die Pfanne vom Herd nehmen und die Steaks nach Belieben noch 5 Minuten nachziehen lassen.
Für die „Sizzled Butter" die Butter in einem kleinen Töpfchen erhitzen und aufschäumen lassen. Wenn das Eiweiß der Butter leicht bräunt, die Butter durch ein feines Sieb gießen. Die Steaks mit der heißen Butter übergießen und mit Kartoffelgratin servieren.

Bone-In Filet ist ein Filetsteak (aus dem dicken Filetteil) mit Knochen, praktisch mit dem halben T-Knochen des T-Bone-Steaks.

Kartoffelgratin

350 g vorwiegend festkochende Kartoffeln
1/2 Knoblauchzehe
15 g Butter
165 ml Milch
65 g Sahne
Salz · Pfeffer · Muskatnuss

Zubereitung: Kartoffeln schälen und in dünne Scheiben schneiden oder hobeln. Eine flache Auflaufform mit der halben Knoblauchzehe ausreiben. Die Form mit etwas Butter fetten. Backofen auf 180 °C vorheizen.
Milch mit Sahne, Salz und Pfeffer verquirlen. Die Hälfte der Kartoffelscheiben dachziegelartig in die Form schichten, mit etwas Muskat überpudern. Mit ein wenig Milch-Sahne übergießen, die restlichen Kartoffeln einschichten, mit der übrigen Milchmischung übergießen. Restliche Butter in Flöckchen darauf verteilen. Kartoffelgratin im Ofen (Mitte) etwa 50 Minuten backen.

VORSPEISE

Salat mit gebratenen Austernpilzen

1/2 Romanasalat
1 Bund Rucola
2 Tomaten
100 g Austernpilze
ca. 100 ml Olivenöl · Salz · Pfeffer
25 ml Rotweinessig
1/2 TL mittelscharfer Senf · Zucker
je 1/2 TL fein gehackten Schnittlauch, Petersilie und Basilikum

Zubereitung: Die Salatzutaten waschen und abtropfen lassen, die Austernpilze nur mit einem Pinsel säubern. Die Romanablätter in Streifen schneiden, Rucola von harten Stielen befreien, beides auf Salatteller geben. Die Tomaten klein würfeln und darüberstreuen. Die Austernpilze in etwas Olivenöl auf beiden Seiten braun braten, mit etwas Salz und Pfeffer würzen, über den Salat verteilen.
Für das Italian Dressing den Rotweinessig mit Senf, Salz, Pfeffer und einer Prise Zucker gut verrühren. Nach und nach etwa 75 ml Olivenöl unterschlagen, bis eine cremige Sauce entstanden ist. Zum Schluss die fein gehackten Kräuter unterrühren.
Das Dressing über den Salat träufeln.

Lammcarrée

Zutaten für 2 Personen

1 Lammcarrée à 600 g *(1/2 vorderes Rippenstück mit Knochen – sozusagen Lammkoteletts ohne Filets am Stück)*
2 Knoblauchzehen
1 TL getrocknete Kräuter (Thymian, Oregano und Majoran)
Salz · Pfeffer
1 EL Olivenöl

Zubereitung: Vom Lammcarrée alle Häute und Sehnen entfernen. Den Knoblauch schälen und durchpressen, mit den getrockneten Kräutern, Salz und Pfeffer sowie 1 EL Olivenöl vermischen. Das Lammcarrée damit einreiben.
Den Backofen mit einem tiefem Backblech darin auf 200 °C vorheizen. Das Lammcarrée (mit den Knochen nach unten) auf das Backblech legen, ein wenig heißes Wasser auf das Blech gießen. Im heißen Ofen etwa 30 Minuten braten (dabei nach 5 Minuten die Kartoffeln – siehe Beilage – auf das Blech legen). Das Lammcarrée sollte nach 30 Minuten rosa sein. Soll es mehr durchgebraten sein, Fleisch noch 10 Minuten länger darin lassen. Das Blech mit dem Lammcarrée herausnehmen und nach Belieben noch 7 bis 10 Minuten ruhen lassen.
Dann das Fleisch von den Knochen lösen, aufschneiden und mit Petersilien-Thymian-Butter servieren.

Rosmarin-Kartoffeln

300 g kleine festkochende Kartoffeln
1 kleiner Zweig frischer Rosmarin
Salz · Pfeffer
1 EL Olivenöl

Zubereitung: Kartoffeln als Pellkartoffeln in Salzwasser knapp gar kochen, abkühlen lassen und pellen. Die Rosmarinnadeln abzupfen, fein hacken, mit Salz, Pfeffer und Olivenöl vermischen. Die Kartoffeln darin wenden. Mit Abstand neben dem Lammcarrée auf das Blech verteilen, 20 bis 25 Minuten backen, bis die Kartoffeln leicht gebräunt sind.

Petersilien-Thymian-Butter

50 g weiche Butter
1/2 TL gehackte Petersilie
1/2 TL gehackte Thymianblättchen
1 Msp. geriebene Zitronenschale
ein paar Tropfen Zitronensaft
Salz · Pfeffer

Zubereitung: Die Butter schaumig rühren. Die gehackten Kräuter, die geriebene Zitronenschale, den Zitronensaft, Salz und Pfeffer unterrühren. Abgedeckt in den Kühlschrank stellen.

Lamm-carrée MIT ROSMARIN-KARTOFFELN

VORSPEISE

Provenzalischer Salat

2 reife Tomaten
3 große Blätter Romanasalat
4 Artischockenböden (aus der Dose)
5 schwarze Oliven ohne Stein
Basilikumblättchen
1 Sardelle (in Salz)
1 EL Weißweinessig · Salz · Pfeffer
3 EL Olivenöl

Zubereitung: Die Tomaten waschen und in Scheiben schneiden, den Romanasalat waschen, trocknen und in breitere, die Artischockenböden in schmalere Streifen schneiden. Die Oliven halbieren. Die Romanastreifen auf Tellern auslegen, Tomaten, Artischocken, Oliven mit Basilikumblättchen darauf anrichten.
Für das Dressing die Sardelle abspülen, in einem Schüsselchen mit dem Löffel zerdrücken. Mit Essig, Salz und Pfeffer gründlich verrühren. Das Olivenöl mit einer Gabel oder dem Schneebesen unterschlagen, bis eine cremige Salatsauce entstanden ist. Über den Salat träufeln.

T-Bone-Steaks
MIT ZWIEBELRINGEN

VORSPEISE:

Kopfsalatherzen mit Joghurt-Dressing

1 Kopfsalatherz
100 g Shrimps (Garnelen) nach Belieben
75 g Ziegenmilch-Joghurt
1 TL Senf
2 EL Öl
Salz · Pfeffer

Zubereitung: Das Kopfsalatherz waschen, abtropfen lassen, längs in Viertel teilen und auf eine Platte legen. Nach Belieben mit den Shrimps bestreuen. Den Ziegenmilch-Joghurt mit Senf, Öl, Salz und Pfeffer zu einem cremigen Dressing mixen. Über die Salatviertel gießen.

T-Bone-Steaks

Zutaten für 2 Personen

2 T-Bone-Steaks
à 400 g, ca. 3 cm dick
2 EL Olivenöl
Salz
schwarzer Pfeffer
2 TL Zitronensaft

Zubereitung: Die Steaks 30 Minuten vor der Zubereitung trocken tupfen, einen Streifen des Fettrandes (5 cm) stehen lassen und knapp bis zum Fleisch einschneiden. Die Steaks auf beiden Seiten mit dem Olivenöl einreiben. Bei Zimmertemperatur ruhen lassen. Eine Grillpfanne stark erhitzen. Die Steaks auf jeder Seite 5 bis 8 Minuten (rare–medium) grillen, beim Wenden mit Salz und Pfeffer würzen. Die Pfanne vom Herd nehmen und die Steaks mit Zitronensaft beträufeln. Nach Belieben noch 5 Minuten nachziehen lassen. Mit Merrettichbutter bestreichen und servieren.

Zwiebelringe *(Onion Rings)*

1/2 dicke Gemüsezwiebel
75 g Mehl
1 Eigelb
etwa 100 ml sprudelndes Mineralwasser
Öl zum Ausbacken
Meersalz aus der Mühle

Zubereitung: Die Zwiebel schälen und in sehr dicke Scheiben schneiden, die Scheiben zu Ringen aufblättern, in etwas Mehl wenden. Das übrige Mehl mit dem Eigelb und so viel Mineralwasser verrühren, dass ein nicht zu dickflüssiger Ausbackteig entsteht.
In einer tiefen Pfanne etwa 2 cm hoch Öl erhitzen. Die Zwiebelringe portionsweise durch den Ausbackteig ziehen und in heißem Öl knusprig goldbraun ausbacken. Die fertigen herausheben, abtropfen lassen und mit Meersalz aus der Mühle fein übermahlen.

Sauce: Meerrettichbutter

50 g weiche Butter
1/2 TL Zitronensaft
1 TL geriebener scharfer Meerrettich
1/2 TL fein gehackte Petersilie
Salz · weißer Pfeffer

Zubereitung: Die Butter schaumig rühren und mit Zitronensaft, fein geriebenem Meerrettich, gehackter Petersilie, Salz und Pfeffer vermischen. Zu einer Rolle formen und im Kühlschrank fest werden lassen. Zum Servieren in Scheiben schneiden und auf den Steaks schmelzen lassen.

Hochrippe für zwei

Zutaten für 2 Personen

1 Scheibe Hochrippe mit Knochen, ca. 3 cm dick, ca. 500 g
1 EL Olivenöl
Salz · Pfeffer
1/2 EL frischer Oregano, gehackt

Zubereitung: Die Hochrippenscheibe mit Küchenpapier trocken tupfen, mit Olivenöl einreiben. Abgedeckt etwa 6 Stunden im Kühlschrank marinieren. Die Hochrippenscheibe 30 Minuten vor dem Braten aus dem Kühlschrank nehmen. Den Fettrand mit einem scharfen Messer im Abstand von 2 cm bis knapp zum Fleisch einschneiden.
Backofen auf 75 °C mit einer Servierplatte vorwärmen.
Eine schwere Pfanne ohne Fett erhitzen, die Hochrippenscheibe erst bei starker Hitze auf jeder Seite etwa 30 Sekunden anbraten, dann bei mittlerer Hitze pro Seite in 5 bis 10 Minuten (rare bis medium) fertig braten, beim Wenden mit Salz, Pfeffer und dem gehackten Oregano würzen. Die Hochrippenscheibe auf der Servierplatte nach Belieben im Ofen etwa 10 Minuten nachziehen lassen.
Zum Servieren so aufschneiden, dass jeder von allen Fleischteilen etwas erhält.

Hochrippe

MIT BOHNENGEMÜSE

Gebratene Polentawürfel

150 ml Milch · Salz
3/4 Tasse Instant-Polenta (63 g)
schwarzer Pfeffer
Olivenöl

Zubereitung: In einem beschichteten Topf 150 ml Milch mit 150 ml Wasser und Salz aufkochen, 3/4 Tasse (63 g) Polentagrieß einstreuen, 1 TL Olivenöl zugeben und bei nicht zu starker Hitze unter ständigem Rühren etwa 7 Minuten kochen. Mit Pfeffer würzen, Topf vom Herd nehmen und die Polenta abkühlen lassen. Die Polenta aus dem Topf stürzen und in Würfel schneiden. In einer Pfanne etwas Olivenöl erhitzen und die Polentawürfel auf allen Seiten leicht anbraten.

Bohnengemüse

100 g Prinzess-Bohnen
100 g Zuckerschoten (Kaiserschoten) · Salz
1 Schalotte
2 EL Butter · Pfeffer

Zubereitung: Die Bohnen und die Zuckerschoten putzen (wenn nötig entfädeln), Bohnen halbieren, Zuckerschoten ganz lassen. Reichlich Salzwasser aufkochen, die Bohnen 5 Minuten offen kochen, dann die Zuckerschoten zugeben, zusammen weitere 5 Minuten kochen, abgießen, kalt abschrecken und abtropfen lassen.
Die Schalotte schälen und würfeln, in der Butter hell andünsten. Bohnen und Zuckerschoten zugeben, kurz heiß schwenken, mit Salz und Pfeffer würzen.

VORSPEISE

Artischocken mit Aioli

2 große Artischocken · Salz
Zitronensaft
1 frisches Ei
2 Knoblauchzehen · Pfeffer
100 ml mildes Olivenöl

Zubereitung: Die Artischocken putzen (Stiele ausbrechen und die Blattspitzen kürzen), in Salzwasser mit etwas Zitronensaft erst 10 Minuten offen, dann noch 25 Minuten zugedeckt leise kochen lassen. Für die Aioli das Ei in einen Mixbecher geben, Knoblauch dazupressen, mit Salz, Pfeffer und etwas Zitronensaft würzen. Mit einem Pürierstab glatt mixen, dabei langsam das Olivenöl zulaufen lassen, bis eine cremige Sauce entstanden ist.
Die garen Artischocken abtropfen lassen, warm mit der Aioli zum Dippen anrichten. Nach Belieben mit Zitronenvierteln garnieren.

Filet in Salzkruste
MIT KRÄUTERSAUCE

Filet in Salzkruste

Zutaten für 2 Personen

300 g Rinderfilet am Stück
3 Knoblauchzehen
2 kleine Rosmarinzweige
gut 1 kg grobes Meersalz

Zubereitung: Backofen auf 250 °C vorheizen. Das Rinderfilet (evtl. sauber nachputzen) mit Küchenpapier trocken tupfen. Die Knoblauchzehen ungeschält längs halbieren. Die Rosmarinzweige waschen, gut trocken tupfen. Eine flache Form, in die das Filet passt, mit Alufolie auslegen. Eine Schicht grobes Salz in die Form streuen, die Hälfte der Knoblauchzehen und Rosmarinzweige darauflegen. Das Filet daraufbetten, mit den übrigen Knoblauchzehen und dem Rosmarin belegen, leicht andrücken. Alles vollständig mit grobem Salz bedecken. Die Form in den Ofen (Mitte) stellen, das Filet gut 30 Minuten darin backen. Den Ofen ausschalten und das Filet noch 10 Minuten nachziehen lassen. Zum Servieren die Salzkruste rundum leicht anklopfen, bis sie sich abheben lässt. Das Filet herausheben und auf ein Tranchierbrett legen. Erst quer in der Mitte teilen, dann die Hälften längs (also parallel zur Fleischfaser) in Scheiben schneiden. Mit dem Grillgemüse und der Kräutersauce servieren.

Grillgemüse kalifornisch

1 dicke Zucchini
1 gelbe Paprikaschote
1 große rote Zwiebel
4 kleine Tomaten
1 Zweig Basilikum
1 kleine rote Chilischote
1 Knoblauchzehe
2 EL Olivenöl
1 TL Zitronensaft · Salz · Pfeffer
1 TL fein geschnittenes Koriandergrün

Zubereitung: Das Gemüse waschen. Die Zucchini quer halbieren, die Hälften der Länge nach in dicke Scheiben schneiden. Die Paprikaschote vierteln und putzen. Die Zwiebel schälen und durch den Wurzelstrunk so achteln, dass die Stücke noch zusammenhalten. Die Tomaten an der Spitze einschneiden und jeweils 1 Basilikumblatt in den Einschnitt hineinstecken. Für die Marinade die Chilischote aufschlitzen, entkernen, Fruchtfleisch ganz klein würfeln. Knoblauch durchpressen, beides mit Olivenöl, Zitronensaft, Salz, Pfeffer und Koriandergrün verrühren. Gemüse rundum mit Marinade bestreichen. Eine Grillpfanne erhitzen. Gemüse darin bei mittlerer Hitze in etwa 20 Minuten rundum schön bräunen, dabei ab und zu mit Marinade bepinseln.

Kräutersauce

1 reife Tomate
1 Knoblauchzehe
1 Bund gemischte Kräuter (Petersilie, Salbei, Majoran, Thymian, Schnittlauch, Minze)
3 EL Olivenöl · Salz · Pfeffer

Zubereitung: Die Tomate überbrühen, häuten und entkernen, das Fruchtfleisch sehr klein würfeln. Den Knoblauch fein hacken. Kräuter waschen, gut trocken schütteln, Blätter abzupfen und fein schneiden. Tomatenwürfel, Knoblauch und Kräuter in ein Töpfchen geben, das Olivenöl darübergießen. Mit Salz und Pfeffer würzen und bei kleiner Hitze erwärmen.

Texas-Rumpsteak
VOM GRILL

Texas-Rumpsteaks

Zutaten für 2 Personen

2 gut abgehangene Rumpsteaks à 200 g
1 Knoblauchzehe
2 EL Öl zum Braten (Erdnussöl)
2 kleine Äpfel
1 kleine Zwiebel
2 Scheiben Frühstücksspeck (Bacon)
Salz · Pfeffer
Zitronensaft, Tabascosauce
2 dicke Scheiben Weißbrot

Zubereitung: Die Rumpsteaks trocken tupfen, den Fettrand bis knapp zum Fleisch einkerben. Den Knoblauch zum Öl pressen, gut verrühren. Gut die Hälfte vom Knoblauchöl kräftig in die Steaks einmassieren und das Fleisch bis zum Grillen ruhen lassen. Die Äpfel vierteln und die Kerngehäuse ausschneiden. Die Apfelviertel längs in Spalten teilen. Die Zwiebel fein hacken, den Speck in schmale Streifen schneiden. Ein wenig vom übrigen Knoblauchöl erhitzen und die Speckstreifen darin knusprig braten. Die Zwiebelwürfel zugeben, glasig dünsten. Die Apfelspalten untermischen, mit Salz, Pfeffer, etwas Zitronensaft und Tabascosauce würzen. Die Sauce zugedeckt bei kleiner Hitze etwa 10 Minuten dünsten, bis die Apfelspalten gerade weich sind. Die Sauce abkühlen lassen.
Den Holzkohlegrill anheizen. Die Weißbrotscheiben mit dem restlichen Knoblauchöl bestreichen. Den Grillrost dicht über der Kohle auflegen, leicht ölen und die Rumpsteaks bei starker Hitze auf jeder Seite 2 Minuten grillen, am Rand des Grillrostes die Brotscheiben hell rösten. Dann den Grillrost hoch über der Glut einhängen und die Steaks nach Belieben noch etwa 7 Minuten nachziehen lassen. Steaks salzen und pfeffern, mit den pikanten Speck-Äpfeln und den Brotscheiben servieren.

VORSPEISE

Bunter Salat mit Cajun-Remoulade

1/2 kleiner Eisbergsalat
100 g Kirschtomaten
1/2 grüne Paprikaschote
4 schwarze Oliven (ohne Stein)
1 Frühlingszwiebel
1 TL Kapern
1 Knoblauchzehe
50 g Mayonnaise
1 EL Crème fraîche
1 EL Zitronensaft
1 TL scharfer Senf
1 TL geriebener Meerrettich
1 EL fein gehacktes Basilikum
Cayennepfeffer · Salz

Zubereitung: Salat und Gemüse waschen und putzen. Den Eisbergsalat in mundgerechte Stücke zerpflücken. Die Kirschtomaten halbieren. Die Paprikaschote klein würfeln. Die Oliven halbieren. Alles locker auf Salattellern anrichten.
Für die Cajun-Remoulade die Frühlingszwiebel in feine Scheibchen schneiden. Die Kapern hacken. Die Knoblauchzehe durchpressen, alles mit Mayonnaise, Crème fraîche, Zitronensaft, Senf und Meerrettich verrühren. Die Remoulade mit Meerrettich, Basilikum, Cayennepfeffer und Salz abschmecken. Über den Salat klecksen.

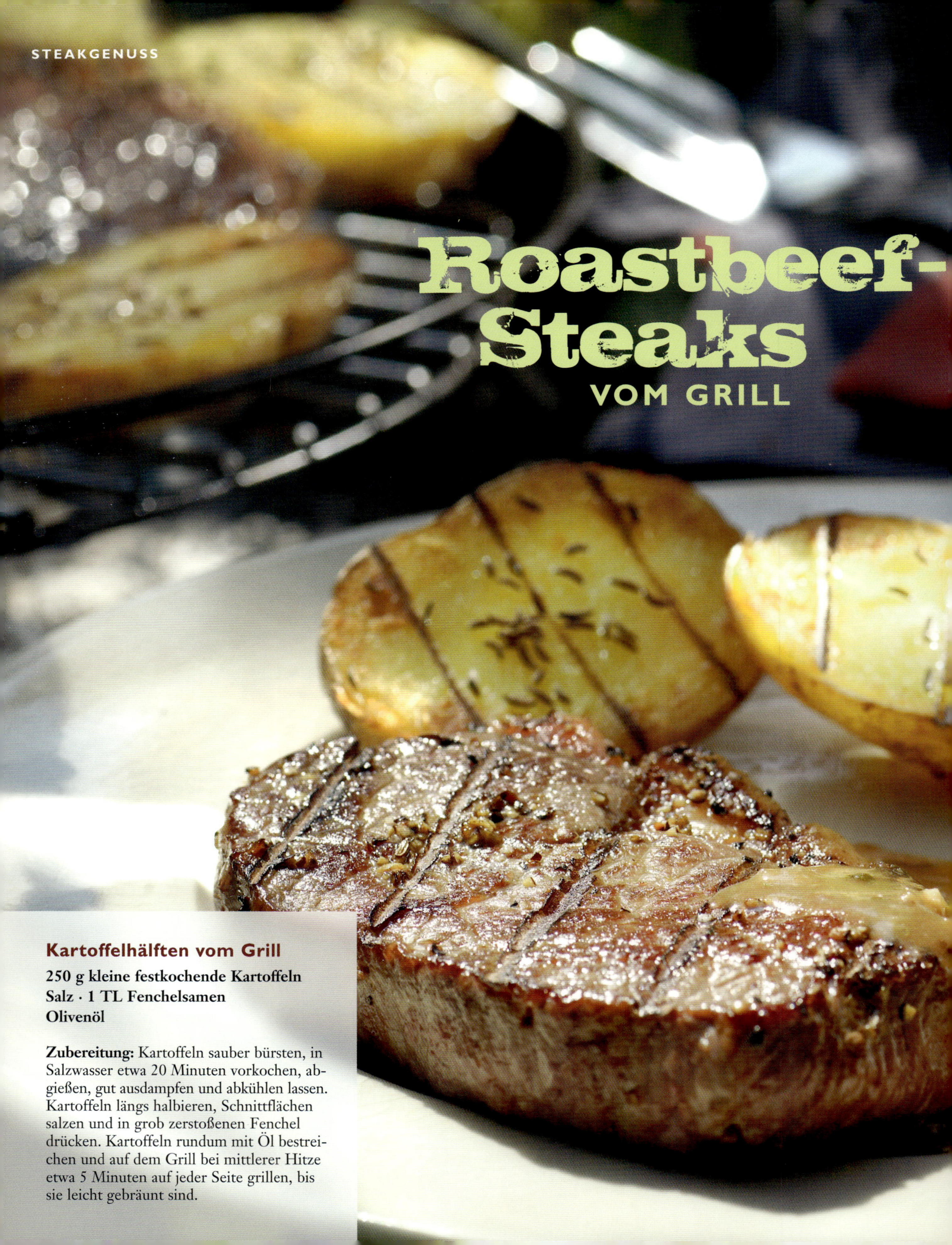

Roastbeef-Steaks
VOM GRILL

Kartoffelhälften vom Grill

250 g kleine festkochende Kartoffeln
Salz · 1 TL Fenchelsamen
Olivenöl

Zubereitung: Kartoffeln sauber bürsten, in Salzwasser etwa 20 Minuten vorkochen, abgießen, gut ausdampfen und abkühlen lassen. Kartoffeln längs halbieren, Schnittflächen salzen und in grob zerstoßenen Fenchel drücken. Kartoffeln rundum mit Öl bestreichen und auf dem Grill bei mittlerer Hitze etwa 5 Minuten auf jeder Seite grillen, bis sie leicht gebräunt sind.

Roastbeef-Steaks vom Grill mit pikanter provenzalischer Sauce

Zutaten für 2 Personen

2 Roastbeef-Steaks à 180 g
1 Schalotte
2 Knoblauchzehen
1 Sardellenfilet (in Salz)
1 frische rote Chilischote
Olivenöl
50 ml Rotweinessig
1 kleiner Zweig Thymian
1 TL Mehl
250 ml Rinderbrühe
1 kleines Pfeffergürkchen
1/2 EL Kapern
Salz · Pfeffer

Zubereitung: Die Steaks trocken tupfen, mit etwas Olivenöl bestreichen und bis zum Grillen bei Zimmertemperatur ruhen lassen.
Für die Sauce die Schalotte und den Knoblauch fein hacken. Das Sardellenfilet abspülen, trocken tupfen und fein hacken. Die Chilischote aufschlitzen, entkernen, fein hacken.
In einer Kasserolle 1 EL Olivenöl erhitzen, die Schalotten darin anbräunen. Knoblauch, Sardelle, Essig und den Thymianzweig zugeben. Den Essig vollständig einkochen lassen. Mehl einrühren und leicht anbräunen. Nach und nach die Brühe angießen, aufkochen und etwa 15 Minuten leise kochen lassen, bis die Sauce glatt und gebunden ist. Pfeffergürkchen und Kapern fein hacken, unter die Sauce rühren, mit Salz und Pfeffer abschmecken.
Den Grill anheizen. Steaks bei starker Hitze je Seite 3 bis 5 Minuten (rosa bis medium) grillen, beim Wenden mit Salz und Pfeffer würzen. Mit der warmen Sauce anrichten.

VORSPEISE

Radicchio-Champignon-Salat

1 kleiner Radicchio
1/4 Eichblattsalat
75 g frische Champignons
etwas Zitronensaft
1 EL Weißweinessig
1/2 TL mittelsch. Senf · Salz · Pfeffer · Zucker
2 EL Sonnenblumenöl

Zubereitung: Die Salate putzen, die Blätter ablösen und zerpflücken, auf Salatschüsselchen verteilen. Die Champignons säubern und putzen, in dünne Scheiben schneiden, mit ein wenig Zitronensaft vermischen und über die Salatblätter streuen.
Für das Dressing den Essig mit Senf, Salz, Pfeffer und einer Prise Zucker verquirlen, das Öl unterschlagen und die Sauce über den Salat träufeln.

Kluftsteaks
MIT BONIATO

VORSPEISE

Grüner Salat mit Pecannüssen

1/2 Kopf Eisberg- oder Frisée-Salat
50 g Pecannusskerne
1/2 Bund Schnittlauch
2 EL Ananasstücke (aus dem Glas, ungesüßt)
50 g saure Sahne oder Schmand
2 EL Ananassaft
1 EL Zitronensaft
Salz · Pfeffer

Zubereitung: Den Salat putzen und in mundgerechte Stücke zerteilen. Einige Pecannüsse zum Garnieren beiseite legen, die übrigen grob hacken. Den Schnittlauch (evtl. ein paar Halme zum Garnieren zur Seite legen) in feine Röllchen schneiden. Den Salat auf Tellern anrichten, mit gehackten Pecannüssen und Ananasstücken bestreuen. Für das Dressing die saure Sahne mit Ananassaft und Zitronensaft cremig rühren, Schnittlauchröllchen untermischen, mit Salz und Pfeffer abschmecken. Sahnesauce über den Salat gießen, mit den übrigen Pecannüssen (und Schnittlauchhalmen) garnieren.

Kluftsteaks mit Boniato

Zutaten für 2 Personen

2 gut abgehangene Kluftsteaks à 200 g
2 EL Erdnussöl
1 TL Chiliflocken
2 EL Chiliöl
400 g rote Süßkartoffeln (Bataten)
1 Zwiebel
1 cm frischer Ingwer
150 ml Kokosmilch
50 ml kräftige Rinderbrühe
1 EL Currypulver
1 EL brauner Rum
1 TL brauner Rohrzucker
Salz
Fett für die Form
50 g geriebener Cheddar-Käse · Pfeffer
1 EL eingelegte Jalapeño-Ringe (grüne Chili-Ringe)

Zubereitung: Die Steaks trocken tupfen. Erdnussöl mit Chiliflocken erwärmen, bis es sich rötlich färbt. Wieder abkühlen lassen, die Steaks mit 1 EL von dem Chiliöl kräftig einreiben. Bis zum Braten ruhen lassen.
Für den Boniato die Süßkartoffeln schälen und in etwa 3 cm große Stücke schneiden. Zwiebel und Ingwer schälen, fein hacken. Das restliche Chiliöl erhitzen, Zwiebel und Ingwer darin hellgelb andünsten. Kokosmilch und Rinderbrühe angießen, die Batatenstücke zugeben und mit Currypulver, Rum, Zucker und Salz würzen. In etwa 10 Minuten nicht zu weich garen.
Den Backofen auf 220 °C vorheizen. Eine Auflaufform (oder 2 Portionsförmchen) fetten. Das Süßkartoffel-Gemüse mit 30 g Käse vermischen und in die Form/die Förmchen füllen. Mit dem restlichen Käse bestreuen. Im Ofen ewa 20 Minuten überbacken, bis der Käse leicht gebräunt ist. Eine schwere Pfanne erhitzen, die Steaks bei starker Hitze pro Seite 3 bis 4 Minuten (rosig bis medium) braten. Beim Wenden mit Salz und Pfeffer würzen. Die Pfanne vom Herd nehmen, die Steaks mit Jalapeño-Ringen bestreuen und 5 Minuten ruhen lassen. Steaks mit dem Boniato-Gemüse anrichten.

Entrecôte mit Kräuterschaum

Zutaten für 2 Personen

1 Entrecôte double à 400 g (gut 3 cm dick)
2 bis 3 EL Olivenöl
40 g weiche Butter
1 Knoblauchzehe
Salz · Pfeffer
1 TL Zitronensaft
1/2 TL Worcestersauce
1 EL gehackte Kräuter (Estragon, Kerbel, Petersilie)

Zubereitung: Das Entrecôte mit Küchenpapier trocken tupfen, die Sehnenschicht am Fleischrand mit einem scharfen Messer einkerben. Entrecôte kräftig mit Olivenöl einreiben, bis zum Braten beiseite stellen. Für den Kräuterschaum die weiche Butter sahnig-schaumig rühren, nach und nach 1 EL Olivenöl untermischen (das Öl muss ganz von der Butter aufgenommen werden). Den Knoblauch schälen und dazupressen, mit Salz, Pfeffer, Zitronensaft, Worcestersauce und den gehackten Kräutern würzen.
Eine schwere Pfanne erhitzen, das Steak erst bei starker Hitze kurz rundum anbraten, dann bei mittlerer Hitze auf jeder Seite in 7 bis 9 Minuten rosa bis medium braten, beim Wenden mit Salz und Pfeffer würzen. Die Pfanne vom Herd nehmen und das Fleisch nach Belieben abgedeckt noch 5 Minuten ruhen lassen. Das Entrecôte aufschneiden und mit dem Kräuterschaum servieren.

Kartoffelgratin

375 g vorwiegend festkochende Kartoffeln
1 Zwiebel
2 EL Butter
Salz · Pfeffer
125 g Sahne

Zubereitung: Kartoffeln waschen, schälen und in Streifen (dünner als für Pommes frites) schneiden. Zwiebel in dünne Scheiben schneiden. Backofen auf 175 °C vorheizen.
Die Zwiebelscheiben in gut 1 EL Butter goldgelb braten, mit den Kartoffelstreifen mischen. Eine flache Form mit der übrigen Butter einfetten, die Kartoffel-Zwiebelmischung einfüllen, salzen, pfeffern und die Hälfte der Sahne darübergießen. Im Ofen etwa 40 Minuten backen, dann die restliche Sahne darübergießen und weitere 15 Minuten backen, bis der Auflauf schön gebräunt ist.

VORSPEISE

Gebratene Jakobsmuscheln auf Rucola

6 Jakobsmuschelnüsse (weißer Muskel)
etwas Zitronensaft · Salz · Pfeffer
100 g Rucola
1 reife Tomate
1 EL Weißweinessig
1/2 TL Dijon-Senf
1/2 Knoblauchzehe
4 EL Olivenöl

Zubereitung: Die Jakobsmuschel-Nüsse trocken tupfen, mit wenig Zitronensaft beträufeln, salzen und pfeffern. Rucola verlesen, waschen und gut abtropfen lassen.
Die Tomate überbrühen, häuten und das Fruchtfleisch klein würfeln. Den Rucola auf Tellern auslegen, die Tomatenwürfel darüber verteilen. Den Weißweinessig mit Dijon-Senf, Salz und Pfeffer verrühren, den Knoblauch dazupressen, mit 2 bis 3 EL Olivenöl zu einer cremigen Vinaigrette aufschlagen.
Die Jakobsmuscheln im restlichen Olivenöl 2 Minuten auf jeder Seite leicht anbräunen, auf den Rucolablättern anrichten und alles mit Vinaigrette beträufeln.

Entrecôte
MIT KRÄUTERSCHAUM

Rancher-Salat
MIT KNOBLAUCHBROT

Knoblauchbrot

1 Knoblauchzehe
25 g weiche Butter
1 EL neutrales Öl (Sonnenblumenöl, Rapsöl)
Salz · Pfeffer
1/2 Baguette

Zubereitung: Die Knoblauchzehe schälen und sehr fein hacken. Die weiche Butter nach und nach mit dem Öl cremig rühren. Den Knoblauch untermischen und die Creme mit Salz und Pfeffer abschmecken.
Das halbe Baguette der Länge nach aufschneiden, die Schnittflächen mit der Knoblauchcreme bestreichen.
Den Backofen mit Oberhitze/Grill 5 Minuten vorheizen. Die bestrichenen Brote mit der Creme nach oben im Ofen (Mitte) goldgelb backen. Heiß zum Rancher-Salat servieren.

Rancher-Salat *Zutaten für 2 Personen*

Zutaten Steaks:

2 gut abgehangene Kluftsteaks à 200 g
1 EL Olivenöl
Salz · grob gestoßener schwarzer Pfeffer

Salat:

1 Baby-Romanasalat (Salatherz)
1 kleiner Radicchio
1 große Möhre
100 g Kirschtomaten
10 cm Salatgurke
5 Radieschen
2 Scheiben Frühstücksspeck (Bacon)

Thousand-Island-Dressing:

1/4 rote Paprikaschote
1 kleine Gewürzgurke (Cornichon)
3 EL Mayonnaise
1 EL Tomatenketchup
Paprikapulver mild
Tabascosauce

Zubereitung: Die Kluftsteaks trocken tupfen, kräftig mit Olivenöl einreiben, etwa 30 Minuten ruhen lassen.
Die Salate waschen. Romanasalatblätter in breite Streifen schneiden, den Radicchio aufblättern und zerpflücken. Die Möhre schälen und in feine Streifen schneiden.
Die Kirschtomaten halbieren. Die Salatgurke streifig schälen, längs halbieren, die Kerne auskratzen und die Gurkenhälften in Halbringe schneiden. Radieschen in dünne Scheiben schneiden oder hobeln.
Salatzutaten auf 2 große Schalen verteilen.
Den Frühstücksspeck in einer Pfanne ohne Fett bei mittlerer Hitze knusprig braten, auf Küchenpapier abtropfen lassen. In Stücke teilen und über den Salat streuen.
Für das Dressing die Paprikaschote putzen und winzig klein würfeln, ebenso die Gewürzgurke. Beides mit Mayonnaise und Ketchup mischen, mit Paprikapulver und Tabasco pikant abschmecken. Über den Salat geben.
Eine schwere Grillpfanne auf starker Stufe erhitzen. Die Kluftsteaks auf jeder Seite 3 bis 4 Minuten (rosig bis medium) grillen, beim Wenden mit Salz würzen. Die Pfanne vom Herd nehmen und das Fleisch nach Belieben noch 5 Minuten nachziehen lassen. Die Steaks in Streifen schneiden und über den Salat streuen. Mit grob gestoßenem schwarzem Pfeffer würzen.

VORSPEISE

Krautsalat mit Limettendressing

250 g Weißkohl
1 Limette
1 Knoblauchzehe
Zucker
3 EL Olivenöl
2 Zweige Dill
1 Zweig frische Minze
Salz · Pfeffer

Zubereitung: Den Weißkohl waschen und in sehr feine Streifen schneiden. Salzen und mit den Händen kräftig durchkneten. Die Limette heiß waschen, ein wenig Schale abreiben, Limette auspressen. Den Knoblauch in eine Schüssel pressen, mit Limettenschale, Limettensaft und einer guten Prise Zucker mischen. Das Olivenöl unterschlagen. Die Kräuter fein hacken und zugeben. Die Weißkohlstreifen in dem Dressing wenden und mit Salz und Pfeffer abschmecken. Den Salat abgedeckt etwas durchziehen lassen.

Surf & Turf

FILETSTEAKS UND GARNELEN

Surf & Turf

Zutaten für 2 Personen

4 Rinderfiletsteaks à 40 g
2 EL Olivenöl
4 Riesengarnelen (Giants) ohne Kopf, mit aufgeschnittener Schale, entdarmt, à 40 g
1 Knoblauchzehe
3 Tomaten
1 kleine Zwiebel
2 EL fein gehackte Kräuter (Petersilie, Basilikum, Dill, Koriandergrün)
Salz · Pfeffer · Tabascosauce
75 g Doppelrahm-Frischkäse
3 EL brauner Rum

Zubereitung: Die Filetsteaks mit der Hand leicht flach drücken, trocken tupfen und mit etwas Olivenöl bestreichen. Die Garnelen kurz kalt abspülen, gut trocken tupfen. Die Knoblauchzehe mit einer flachen Messerklinge leicht anquetschen. Die Tomaten überbrühen, häuten. Eine Tomate in Scheiben schneiden, die anderen quer halbieren.

Die Zwiebel schälen und sehr fein hacken, mit den Kräutern, etwas Salz, Pfeffer und Tabasco unter den Frischkäse mischen. Den Backofen auf 220 °C vorheizen. Das restliche Olivenöl in einer Pfanne erhitzen. Die Filetsteaks bei mittlerer bis starker Hitze je Seite 3 Minuten braten, beim Wenden salzen und pfeffern, dann aus der Pfanne in eine flache Gratinierform heben. Die Garnelen im verbliebenen Öl mit der Knoblauchzehe etwa 5 Minuten auf jeder Seite braten, mit Salz, Pfeffer würzen und neben die Steaks setzen. Die halbierten Tomaten dazwischen verteilen, leicht salzen und pfeffern.

Das Bratöl aus der Pfanne abgießen, den Bratsatz mit dem Rum loskochen und über die Steaks träufeln. Jeweils eine Tomatenscheibe auflegen, leicht salzen und pfeffern. Die Frischkäsemischung auf Steaks, Garnelen und Tomaten verteilen, glatt streichen.

Die Form in den Ofen (Mitte) schieben und den „Surf & Turf" etwa 15 Minuten überbacken, bis die Frischkäseschicht leicht gebräunt ist.

Beilage körnig gekochter Reis, mit Butter vermischt

Kräuterkartoffeln

375 g ganz kleine, festk. Kartoffeln
2 EL Olivenöl
1 EL fein gehackte Kräuter (Petersilie, Thymian, Rosmarin, Salbei)
100 ml kräftige Rinderbrühe
Salz · Pfeffer

Zubereitung: Die Kartoffeln schälen, im Ganzen in Olivenöl bei mittlerer Hitze in etwa 10 Minuten rundum anbräunen. Die Kräuter untermischen, die Brühe angießen. Salzen und pfeffern. Zugedeckt bei mittlerer Hitze in 15 bis 20 Minuten garen.

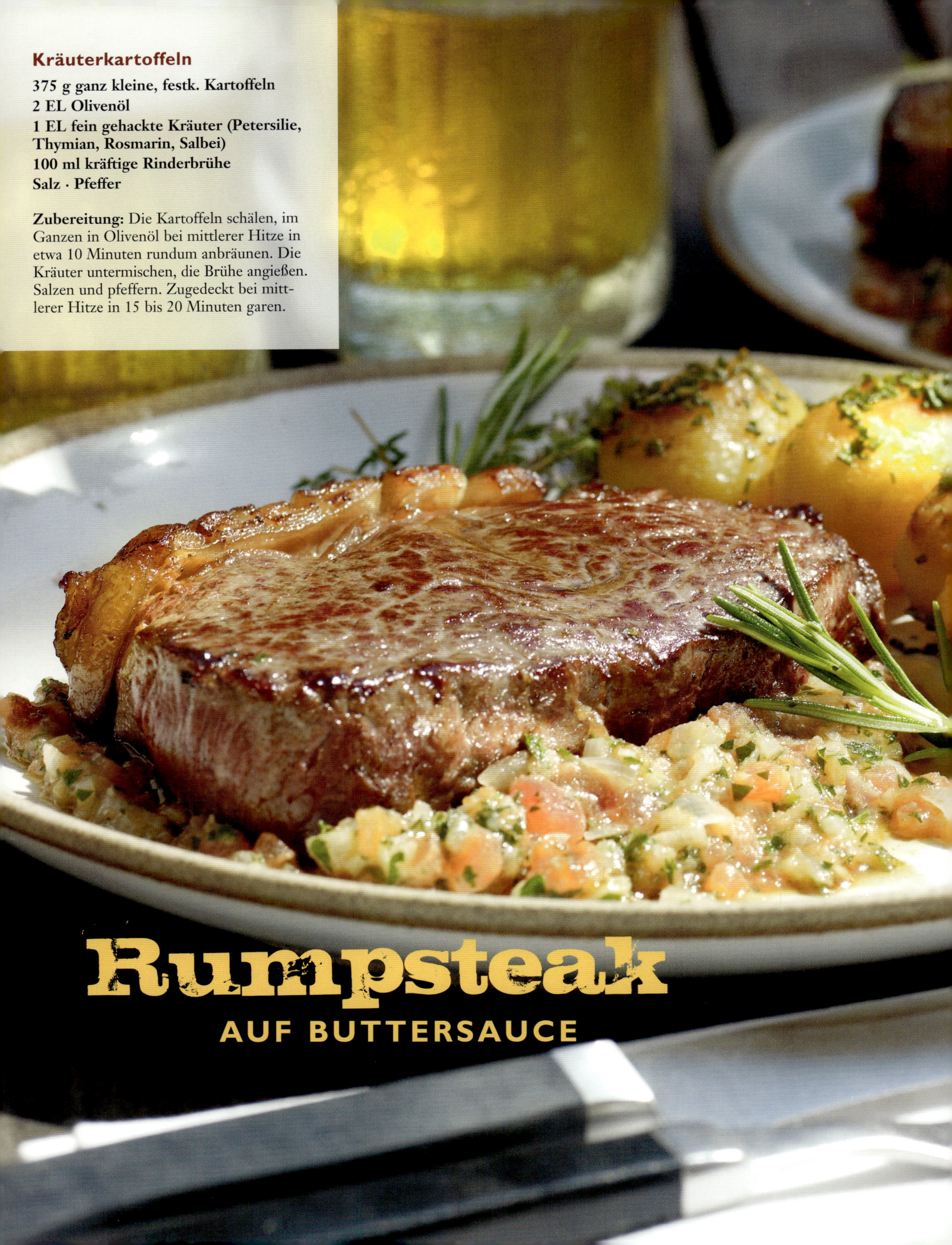

Rumpsteak

AUF BUTTERSAUCE

Rumpsteak auf Buttersauce

Zutaten für 2 Personen

2 gut abgehangene Rumpsteaks à 200 g
1 EL Olivenöl
150 g reife Tomaten
3 Schalotten
3 Zweige glatte Petersilie
40 g nicht zu weiche Butter
2 TL Zitronensaft
Salz · Pfeffer
1 EL Öl zum Braten
100 ml Weißwein

Zubereitung: Die Steaks trocken tupfen, den Fettrand bis knapp zum Fleisch einschneiden. Mit Olivenöl einreiben und beiseite stellen.
Die Tomaten überbrühen, häuten und entkernen. Das Fruchtfleisch sehr fein hacken. Die Schalotten schälen und ganz klein würfeln. Die Petersilie waschen, trocken schütteln und hacken. Tomaten, Schalotten und Petersilie mit einer Gabel unter die Butter mischen, mit Zitronensaft, Salz und Pfeffer würzen. Die Mischung auf eine Servierplatte geben. Den Backofen auf 75 °C vorheizen und die Platte mit der Buttermischung darin anwärmen. In einer schweren Pfanne das Öl zum Braten erhitzen. Die Steaks bei starker Hitze auf jeder Seite 3 bis 4 Minuten (rosig bis medium) braten, beim Wenden salzen und pfeffern. Die Steaks aus der Pfanne heben und auf der Sauce im Ofen warm halten. Das Öl aus der Pfanne gießen, den Bratsatz mit dem Weißwein ablöschen und unter Rühren loskochen. Auf die Hälfte der Menge einkochen lassen. Über die Steaks geben und servieren.

VORSPEISE

Kopfsalat mit Tomaten und Brunnenkresse

Herz von 1 Kopfsalat
2 reife Tomaten
1 rote Zwiebel
1 Handvoll Brunnenkresse
2 EL Pinienkerne
2 EL Aceto balsamico
1 TL Honig · Salz · Pfeffer
3 EL Olivenöl

Zubereitung: Salatzutaten waschen, die Zwiebel schälen. Das Kopfsalatherz vierteln und auf Salatschalen verteilen. Die Tomaten und die Zwiebel in Scheiben schneiden, dazugeben. Die Brunnenkresseblättchen abzupfen und darüberstreuen.
Die Pinienkerne in einem Pfännchen ohne Fett hellgelb rösten.
In einem Schüsselchen den Aceto balsamico mit Honig, Salz und Pfeffer verrühren, bis sich das Salz aufgelöst hat. Nach und nach das Olivenöl unterquirlen, bis eine cremige Sauce entstanden ist. Das Balsamico-Dressing über den Salat träufeln, mit den Pinienkernen bestreuen und servieren.

Classic Steakburger

MIT COLE SLAW UND GURKE

Steakburger mit Tomatenconfit

Zutaten für 2 Personen

300 g vollreife Tomaten
1 Schalotte
1 Knoblauchzehe
2 EL Olivenöl
1/2 TL Thymianblättchen
Salz · Pfeffer · Zucker
400 g mageres Rinderhackfleisch (aus Steakfleisch)
Öl für die Pfanne

Zubereitung: Für das Tomatenconfit die Tomaten überbrühen, häuten, halbieren und entkernen. Die Stielansätze entfernen und das Tomatenfruchtfleisch klein würfeln. Die Schalotte und den Knoblauch schälen und fein hacken. Das Olivenöl erhitzen und die Schalotten- und Knoblauchwürfel glasig andünsten. Die Tomatenwürfel und Thymianblättchen zugeben und weiterschmoren, bis die Tomatenwürfel zu zerfallen beginnen. Das Confit mit Salz, Pfeffer und einer Prise Zucker abschmecken. Abkühlen lassen. Für die Steakburger das Rinderhackfleisch mit etwas Salz vermischen und zu 2 gut daumendicken Fladen formen. In einer Pfanne in wenig Öl Burger etwa 5 Minuten je Seite braten. Sie sollen außen gebräunt und innen noch rosig sein. Die Steakburger anrichten und jeweils einen Klecks Tomatenconfit dazusetzen.

Cole Slaw mit Gurke

250 g Weißkohl
1 Möhre
1/4 Salatgurke
1 EL Weißweinessig
1 EL Mayonnaise
1 EL Öl · Salz · Pfeffer

Zubereitung: Weißkohl putzen und waschen, Möhre und Salatgurke schälen. Alles raspeln oder mit einem Messer in sehr feine Streifen schneiden. Gemüse mit Essig, Mayonnaise, Öl, Salz, Pfeffer mischen. Abgedeckt 1 Std. im Kühlschrank ziehen lassen.

Dünne Pommes frites

250 g vorwiegend festkochende Kartoffeln
Öl zum Frittieren
feines Salz (am besten aus der Mühle)

Zubereitung: Kartoffeln schälen und in dünne Streifen (dünner als Bleistifte) schneiden. In einem hohen Topf oder einer Fritteuse reichlich Öl auf etwa 170 °C erhitzen. Kartoffelstäbchen hellbraun frittieren, aus dem Fett heben und gut abtropfen lassen. Frittieröl jetzt auf 180 °C erhitzen, die Pommes noch einmal kurz frittieren, bis sie leicht gebräunt und knusprig sind. Gut abtropfen lassen und mit feinem Salz bestreuen.

VORSPEISE

Eisbergsalat mit Blue Cheese Dressing (The Wedge)

1 kleiner Eisbergsalat
2 1/2 EL Mayonnaise
2 1/2 EL Schmand
1 EL Apfelessig
weißer Pfeffer
50 g milder Blauschimmelkäse (Danablue oder Gorgonzola)
ca. 2 EL Milch · Salz

Zubereitung: Den Eisbergsalat putzen, waschen, den ganzen Kopf vierteln und auf Salatteller verteilen. Für das Dressing die Mayonnaise mit Schmand, Apfelessig und weißem Pfeffer verrühren. Den Blauschimmelkäse hineinbröckeln und mit einer Gabel zerdrücken, gründlich unterrühren und die Sauce mit Milch verdünnen. Bei Bedarf mit Salz abschmecken und über dem Eisbergsalat verteilen.

Kalbskoteletts

MIT GRÜNEM SPARGEL

Kalbskoteletts

Zutaten für 2 Personen

2 große Kalbskoteletts à 250 g
2 EL Butter
1 TL Puderzucker
2 EL Cognac
grobes Meersalz

Zubereitung: Von den Kalbskoteletts den Fettrand bis auf einen kleinen Rest abschneiden, das Fleisch etwas vom Rippenknochen lösen, mit Küchenpapier trocken tupfen. Den Backofen auf 80 °C vorheizen.
In einer Pfanne 1 EL Butter erhitzen, die Koteletts bei mittlerer Hitze auf jeder Seite etwa 5 Minuten braten, bis sie schön gebräunt, aber nicht zu dunkel sind. In Alufolie wickeln und im Ofen etwa 10 Minuten ruhen lassen.
1 EL frische Butter in die Pfanne geben, mit dem Puderzucker bestreuen und diesen leicht karamellisieren lassen. Mit dem Cognac ablöschen und einmal aufkochen lassen. Die Koteletts anrichten, mit der knappen Sauce beträufeln und mit grobem Meersalz bestreuen.

Grüner Spargel

500 g grüner Spargel
Salz · Zucker
2 EL Butter

Zubereitung: Den Spargel waschen, nur das untere Drittel der Stangen schälen, die Enden abschneiden. Die Spargelstangen in Salzwasser mit einer guten Prise Zucker in etwa 12 Minuten bissfest kochen. Die Butter in einem Töpfchen bis zum Aufschäumen erhitzen. Den Spargel abtropfen lassen und mit der Butter beträufeln.

VORSPEISE

Baby-Spinatsalat

100 g zarte junge Spinatblätter
1 EL Pinienkerne
1 EL Weißweinessig
1/2 TL Senfpulver
Salz · Pfeffer
2 EL Öl

Zubereitung: Die Spinatblätter verlesen, die Stängel abknipsen. Den Spinat waschen, gut abtropfen lassen. Die Pinienkerne in einem Pfännchen ohne Fett hell anrösten und abkühlen lassen. In einem Schüsselchen den Essig mit Senfpulver, Salz und Pfeffer glatt verrühren, nach und nach das Öl unterquirlen, bis die Sauce glatt und cremig ist. Über den Spinat träufeln, vorsichtig vermischen und mit den Pinienkernen bestreut anrichten.

VORSPEISE

Brunnenkresse-Salat mit Senfdressing

300 g Brunnenkresse
6 Frühlingszwiebeln
2 rote Zwiebeln
3 kleine gekochte Rote Bete (aus der Folie)
3 EL Weißweinessig
1 EL Honig
1 EL grobkörniger Senf
5 EL Olivenöl
Salz · grober schwarzer Pfeffer

Zubereitung: Die Brunnenkresse verlesen, gründlich waschen, trocknen und die Blättchen abzupfen. Die Frühlingszwiebeln waschen, putzen und in Scheiben schneiden. Die roten Zwiebeln und die Rote Bete schälen und klein würfeln. Alles locker auf Salatteller verteilen.
Für das Senfdressing den Essig mit Honig und Senf verrühren. Das Olivenöl unterschlagen und das Dressing mit Salz abschmecken. Über die Salate träufeln und mit grobem Pfeffer bestreuen.

Roastbeef überbacken

Zutaten für 6 Personen

1 kg Roastbeef am Stück
2 Knoblauchzehen
1 TL grobes Meersalz
1 TL schwarze Pfefferkörner
1 EL Dijon-Senf
1 EL frischer Rosmarin
1 TL frische Thymianblättchen
1 TL Majoranblättchen
3 Zwiebeln
ca. 250 ml Rinderbrühe

Zubereitung: Vom Roastbeef das aufliegende Fett bis auf einen kleinen Rest abtrennen. Knoblauch schälen und mit grobem Salz und Pfefferkörnern im Mörser zerstoßen, mit dem Senf verrühren. Roastbeef damit einreiben. Die Kräuter hacken, das Roastbeef darin wenden. Das Fleisch in Folie wickeln und 1 Stunde bei Zimmertemperatur ziehen lassen.
Den Backofen auf 230 °C vorheizen. Roastbeef mit der Fettseite nach unten auf einen geölten Backofenrost legen. Fettpfanne (tiefes Backblech) ebenfalls leicht ölen. Die Zwiebeln schälen, grob hacken, in die Fettpfanne streuen. Das Roastbeef auf dem Rost mit der Fettpfanne darunter in den heißen Ofen (Mitte) schieben. 20 Minuten braten, dann die Hitze auf 180 °C zurückschalten, das Fleisch wenden und weitere 20 Minuten (rosa bis medium) braten.
Den Ofen abschalten, die Ofentür einen Spalt breit öffnen (einen Holzlöffel dazwischenklemmen) und das Fleisch noch 15 Minuten nachziehen lassen.
Die Fettpfanne herausnehmen, den Bratsatz mit etwas Wasser ablösen, mit den Zwiebeln im Mixer pürieren, dabei so viel Rinderbrühe zugeben, dass eine leicht gebundene Sauce entsteht. Die Sauce nach Belieben durch ein Sieb streichen. Mit Salz und Pfeffer abschmecken und nochmals erwärmen. Das Fleisch auf ein Tranchierbrett mit Saftrinne legen und in Scheiben aufschneiden, die Sauce extra dazu servieren.

Roastbeef überbacken

MIT GEBRATENEN CHAMPIGNONS

Gebratene Champignons

750 g helle Champignons
6 Schalotten
3 EL Butter
375 ml Weißwein
300 g Sahne
Salz · Pfeffer
etwas Thymian und geriebene Zitronenschale

Zubereitung: Die Champignons mit Küchenpapier säubern und vierteln. Die Schalotten schälen und fein würfeln. Die Butter erhitzen, Schalottenwürfel und die Champignons darin anbraten. Wenn die austretende Flüssigkeit verdampft ist, den Wein angießen und kräftig einkochen lassen. Die Sahne zugießen, mit Salz, Pfeffer, Thymian und Zitronenschale würzen, noch 5 Minuten leise kochen lassen.

American Tenderloin

MIT COLE SLAW

VORSPEISE

Kalbs-Carpaccio

150 g Kalbsfilet oder Kalbslende
2 EL Olivenöl
1 Bio-Zitrone
1 kleines Bund Rucola
4 braune Champignons · Salz · Pfeffer

Zubereitung: Das Kalbsfilet sauber putzen, mit paar Tropfen Olivenöl rundum einreiben, in Folie wickeln und in etwa 30 Minuten im Gefrierfach schnittfest werden (aber nicht durchfrieren) lassen.
Von der Zitrone 1 Msp. Schale abreiben, ca. 2 EL Saft auspressen. Die Rucolablätter verlesen, putzen, waschen und abtropfen lassen. Die Champignons säubern, in dünne Scheiben schneiden und mit etwas Zitronensaft beträufeln. Den restlichen Zitronensaft mit abgeriebener Zitronenschale, Salz, Pfeffer und Olivenöl verquirlen.
Das angefrorene Fleisch mit einem scharfen Messer in dünne Scheiben schneiden, zwischen Backpapier noch dünner klopfen. Teller mit etwas Zitronensauce bestreichen, die Fleischscheiben darauf auslegen und mit Rucolablättern und Champignonscheiben garnieren. Mit der restlichen Sauce beträufeln.

Pommes (French fries)

300 g kleine, vorwiegend festkochende Kartoffeln
Öl zum Frittieren
feines Salz (möglichst aus der Mühle)

Zubereitung: Die Kartoffeln schälen und längs vierteln, die Viertel kurz in kaltem Wasser waschen, gut abtropfen lassen und trocken tupfen.
In einer hohen Pfanne oder einer Fritteuse etwa 5 cm hoch Öl auf etwa 170 °C erhitzen, die Kartoffelviertel rundum knusprig braten. Herausheben, gut abtropfen lassen und mit feinem Salz bestreuen.

American Tenderloin (Chateaubriand) mit Pfefferbutter

Zutaten für 2 Personen
1 ganzes Filetstück aus der Mitte des Rinderfilets, etwa 400 g
2 EL Öl zum Braten
50 g weiche Butter
4 grüne und 2 rosa Pfefferkörner
1 Prise Cayennepfeffer
1/2 TL Zitronensaft
Salz · schwarzer Pfeffer

Zubereitung: Das Filetstück sauber putzen, mit Küchenpapier trocken tupfen und rundum mit etwas Öl einreiben. Bis zum Garen bei Zimmertemperatur ruhen lassen.
Für die Pfefferbutter die Butter cremig rühren. Die grünen und rosa Pfefferkörner etwas zerdrücken, mit einer Prise Cayennepfeffer, Zitronensaft, Salz und Pfeffer aus der Mühle unter die Butter rühren. Zu einer Rolle formen und in den Kühlschrank stellen. Den Backofen auf 225 °C vorheizen.
Eine ofenfeste Pfanne oder einen Bräter erhitzen. Darin etwas Öl bis kurz vor den Rauchpunkt heiß werden lassen. Das Fleisch hineinlegen, auf einer Seite 3 Minuten braten. Wenden, salzen und weitere 3 Minuten braten. Wieder wenden, salzen und in den Ofen schieben. In 12 bis 15 Minuten (rosig bis medium) fertig garen. Auf eine Platte oder ein Tranchierbrett mit Saftrinne legen, mit Pfeffer würzen. Nach Belieben etwa 7 Minuten nachziehen lassen. Dann aufschneiden, die Pfefferbutter in Scheiben darauflegen und auf heißen Tellern servieren.

Weißkohlsalat (Cole Slaw)

250 g Weißkohl
1 Möhre
1 kleine Zwiebel
1/2 Apfel
2 EL Weißweinessig
3 EL Öl · Salz · Pfeffer

Zubereitung: Den Weißkohl waschen und putzen, die Möhre und die Zwiebel schälen. Aus dem Apfel das Kerngehäuse entfernen. In einer Schüssel aus Essig, Öl, Salz und Pfeffer eine Salatsauce anrühren. Weißkohl, Möhre, Zwiebel und Apfel direkt in die Sauce raspeln, alles mischen und abgedeckt durchziehen lassen.

VORSPEISE

Grüner Spargel Pasadena Art

500 g dünne grüne Spargelstangen
1 Bio-Orange
1 EL Butter
1 EL Olivenöl
Salz · Pfeffer · Cayennepfeffer

Zubereitung: Die Spargelstangen waschen. Das untere Drittel schälen. Den Spargel in einen länglichen Topf oder eine Pfanne legen. Die Schale der Orange mit einem Zestenreißer abraspeln, die Orange auspressen. Orangenschale und Saft zum Spargel geben, ebenso die Butter und das Olivenöl.

Mit Salz, Pfeffer und einer guten Prise Cayennepfeffer würzen, den Spargel knapp mit Wasser bedecken. Offen aufkochen und bei mittlerer Hitze etwa 10 Minuten kochen, bis die Stangen bissfest gegart sind. Auf einer länglichen Salatplatte anrichten, den Sud eventuell noch etwas einkochen lassen, bis er gebunden ist. Über die Spargelstangen gießen und die Vorspeise lauwarm oder abgekühlt servieren.

Prime Rib Steak
MIT GRILLTOMATEN

Prime Rib Steak

Zutaten für 2 Personen

2 Prime Rib Steaks (Clubsteaks aus der Hochrippe mit Knochen) à 400 g
1 Zweig frischer Rosmarin
2 EL Öl zum Braten
Salz · Pfeffer

Zubereitung: Von den Steaks den Fettrand bis auf einen kleinen Streifen abschneiden, diesen mehrmals bis knapp zum Fleisch einschneiden. Die Steaks trocken tupfen. Rosmarinnadeln abzupfen und fein hacken. Die Steaks rundum mit Rosmarin bestreuen, fest andrücken. Mit Öl bestreichen und dieses kräftig einmassieren. Eine Grillpfanne oder schwere Eisenpfanne erhitzen. Die Steaks bei mittlerer bis starker Hitze auf jeder Seite 5 bis 8 Minuten (rare bis medium) grillen, vor dem Wenden wieder mit etwas Öl bestreichen. Aus Pfanne heben, mit Salz und Pfeffer würzen. Nach Belieben noch gut 5 Minuten nachziehen lassen.

Frisch geriebener Meerrettich

50 g frische Meerrettichwurzel
1 TL Zitronensaft

Zubereitung: Den Meerrettich schälen und mit einem scharfen Messer schräg zur Faser fein abspanen oder mit einer Japan-Raspel raffeln. Gleich mit dem Zitronensaft vermischen und auf dem Steak anrichten.

Beilage: Grilltomaten

2 reife, aber feste Tomaten
Salz
1 TL Puderzucker

Zubereitung: Die Tomaten waschen und halbieren, die Schnittflächen trocken tupfen, mit Salz bestreuen und mit etwas Puderzucker bestäuben. Die Tomatenhälften mit den Schnittseiten in der heißen Grillpfanne rösten, bis die Schnittflächen gut gebräunt sind.

VORSPEISE

Gemüsesticks

4 dünne Möhren
2 Stangen Staudensellerie
je 1/2 rote und grüne Paprikaschote
Sour Cream *(siehe Seite 60, 125)*

Zubereitung: Das Gemüse waschen und putzen, die Möhren schälen und den Staudensellerie entfädeln. Alles längs in bleistiftdicke Streifen schneiden. Das Gemüse in kleinen Gläsern anrichten. Die Sour Cream zum Dippen dazu servieren.

Chili-Huftsteak

MIT CHILI-BOHNEN

Huftsteaks *Zutaten für 2 Personen*

2 Huftsteaks, 3 cm dick, à ca. 180 g
ca. 2 EL Olivenöl
Salz · Pfeffer oder Steakgewürz *(siehe Seite 122, 124)*

Zubereitung: Die Huftsteaks etwa 30 Minuten vor dem Braten aus dem Kühlschrank nehmen. Mit der flachen Seite eines Fleischklopfers leicht plattieren, mit Küchenpapier trocken tupfen. Einen Streifen Fett (5 cm) stehen lassen. Die Steaks kräftig mit etwas Olivenöl einmassieren.
Eine Grillpfanne oder schwere Eisenpfanne erhitzen, leicht ölen. Steak bei starker Hitze auf jeder Seite 2 Minuten (blutig) – 3 bis 4 Minuten (medium) – 5 Minuten (well done) grillen oder braten, beim Wenden mit Salz und Pfeffer (oder Steakgewürz) würzen. Die Pfanne von der Herdplatte nehmen und die Steaks nach Belieben noch 5 Minuten darin nachziehen lassen.

Chili-Bohnen

1 kleine Zwiebel
1 Knoblauchzehe
1 mittelscharfe rote Chilischote
1 1/2 EL Olivenöl
75 g Speckwürfel
150 g pürierte Tomaten (Passata)
1 Dose Kidneybohnen (à 400 g)
Salz · Pfeffer · Kreuzkümmel
1 TL Speisestärke

Zubereitung: Zwiebel und Knoblauch schälen, die Zwiebel mittelfein, den Knoblauch fein würfeln.
Die Chilischote putzen, entkernen und in kleine Würfel schneiden.
Das Olivenöl in einem Topf erhitzen und die Speckwürfel darin scharf anbraten. Zwiebelwürfel zugeben, anbraten, dann Knoblauch- und Chiliwürfel unterrühren.
Das Tomatenpüree aufgießen und erhitzen. Die Kidneybohnen in einem Sieb abspülen und abgetropft zugeben, mit Salz, Pfeffer und Kreuzkümmel würzen. Die Speisestärke in etwas kaltem Wasser anrühren und vorsichtig untermischen. Alles noch 5 Minuten bei kleiner Hitze garen, gelegentlich umrühren.

Potato Wedges

250 g festkochende Kartoffeln
Öl zum Ausbacken
feines Salz (am besten aus der Mühle)

Zubereitung: Die Kartoffeln ungeschält gründlich bürsten, längs vierteln und die Viertel quer halbieren. In einer tiefen Pfanne oder einer Fritteuse reichlich Öl erhitzen und die Kartoffelecken knusprig ausbacken. Gut abtropfen lassen, mit feinem Salz bestreuen und heiß servieren.

Möhren, weiße Rübchen und Kartoffeln

200 g kleine Kartoffeln
200 g Möhren
200 g weiße Rübchen (Navets) oder Kohlrabi
2 Scheiben Frühstücksspeck (Bacon)
2 TL Öl
ca. 125 ml Fleischbrühe
Salz · Pfeffer · 1 Lorbeerblatt
1 EL gehackte Petersilie

Zubereitung: Den Backofen auf 200 °C vorheizen. Das Gemüse waschen, schälen und in grobe Stücke schneiden. Den Speck in Streifen schneiden. In einem ofenfesten Bräter ein wenig Öl erhitzen, die Speckstreifen auslassen. Die Kartoffeln zugeben, kurz rundum anbraten. Das übrige Gemüse zugeben und untermischen, etwas Brühe angießen, mit Salz, Pfeffer und dem Lorbeerblatt würzen. Alles einmal aufkochen. Zugedeckt im Ofen etwa 1 Stunde garen, bis das Gemüse gar ist, dabei ab und zu durchmischen und weitere Brühe nachgießen. Mit Petersilie bestreut servieren.

VORSPEISE

Gefüllte Champignons

6 große Champignons
(schon leicht geöffnete Hüte)
1 rote Zwiebel
5 cm Salatgurke
2 EL Butter
2 EL Hüttenkäse
2 TL Petersilie
Salz · Pfeffer

Zubereitung: Die Champignons säubern, die Stiele herausdrehen und fein hacken. Die Zwiebel schälen und ebenfalls fein hacken. Das Salatgurkenstück schälen, halbieren, die Kerne herauskratzen, die Gurkenhälften klein würfeln. Den Backofen auf 200 °C vorheizen.
In einer Pfanne 2 TL Butter erhitzen, gehackte Pilzstiele und Zwiebelwürfel leicht anbraten, an den Pfannenrand schieben. Die Pilzhüte (mit der Stielseite nach unten) in die Pfanne setzen, zugedeckt bei kleiner Hitze 10 Minuten dünsten. Pilze aus der Pfanne heben, mit der Öffnung nach oben in eine Gratinierform setzen, mit Salz und Pfeffer würzen. Pilz-Zwiebel-Mischung aus der Pfanne mit gewürfelter Gurke, Hüttenkäse und gehackter Petersilie vermischen, mit Salz und Pfeffer würzen, in die Pilzhüte füllen. Je ein kleines Butterflöckchen daraufsetzen und im heißen Ofen 15 bis 20 Minuten überbacken.

Filet-Medaillons

MIT MÖHREN, WEISSEN RÜBCHEN UND KARTOFFELN

Filet-Medaillons *Zutaten für 2 Personen*

4 Filetsteaks *(aus dem dünneren Teil des Rinderfilets)*, **ca. 3 cm dick, à 80 g**
4 Scheiben Frühstücksspeck (Bacon)
Salz · Pfeffer · 1 EL Öl zum Braten
etwa 60 ml Rotwein
100 ml Rinderfond oder Brühe
1 Zweig Thymian

Zubereitung: Die Steaks mit dem Handballen leicht flach drücken, wieder in die ursprüngliche Form drücken, um die Ränder mit den Speckscheiben umwickeln zu können, Ober- und Unterseite mit etwas Öl bestreichen. Den Backofen mit Tellern darin auf 80 °C vorwärmen. Eine Pfanne auf mittlerer Stufe erhitzen, mit wenig Öl ausreiben. Die Steaks pro Seite 3 bis 4 Minuten braten, aus der Pfanne heben, mit Salz und Pfeffer würzen. Nach Belieben im Ofen etwa 10 Minuten nachziehen lassen. Den Bratsatz in der Pfanne mit einem Schuss Rotwein loskochen, Rinderfond oder Brühe und den Thymianzweig zugeben, kurz einkochen lassen, mit Salz und Pfeffer würzen. Die Steaks auf den heißen Tellern anrichten, mit der Sauce umgießen.

VORSPEISE

Räucherlachs (Smoked Salmon)

1/4 Romanasalat
100 g Räucherlachs in Scheiben
1 Bio-Zitrone
4 EL Sahne
1 EL Crème fraîche
2 TL frisch geriebener Meerrettich · Salz · Pfeffer

Zubereitung: Den Romanasalat waschen, die Blätter in Streifen schneiden und auf Tellern ausbreiten. Die Räucherlachsscheiben locker darauf anordnen. 1/2 Zitrone achteln und dazulegen. Für die Sauce von der restlichen Zitronenhälfte ein wenig Schale abreiben. Die Sahne halb steif schlagen. Mit Crème fraîche, geriebener Zitronenschale, einigen Tropfen Zitronensaft, frisch geriebenem Meerrettich, Salz, Pfeffer verrühren, als Klecks dazusetzen.

Filet mignon mit Senfbutter

Zutaten für 2 Personen

2 Filets mignon (ca. 4 cm dick, à 180 g)
65 g Butter
2 TL mittelscharfer Senf
1 TL grobkörniger Senf (Dijonsenf, Rotisseursenf)
Salz · Pfeffer
1 EL Öl zum Braten
100 ml Sherry dry

Zubereitung: Die Filets mignon mit Küchenpapier trocken tupfen, mit der Hand leicht flach drücken. Beiseite stellen. Für die Senfbutter 50 g Butter cremig rühren, mit beiden Senfsorten, Salz und

Filet mignon

KLEINES FILET

Pfeffer gründlich verrühren. Abgedeckt in den Kühlschrank stellen.
Den Backofen auf 80 °C mit Tellern darin anheizen. Das Öl in einer Pfanne mit der restlichen Butter aufschäumen lassen. Wenn die Butter gerade zu bräunen beginnt, die Filetsteaks hineinlegen und 4 bis 8 Minuten je Seite braten, bis sie schön gebräunt sind. Aus der Pfanne heben, salzen, pfeffern, auf die vorgewärmten Teller im Ofen legen und etwa 10 Minuten nachziehen lassen. Das Fett aus der Pfanne abgießen, den Bratsatz mit Sherry loskochen, 5 Minuten leise kochen lassen, mit Salz und Pfeffer abschmecken. Auf die Filets mignons jeweils etwas Senfbutter geben, die Sauce seitlich angießen.

Möhren und Kohlrabi in Rahmsauce und Brechbohnen

125 g grüne Bohnen (Brechbohnen)
3 Möhren · 1 Kohlrabi
2 TL Butter
Salz · Pfeffer · Zucker
3–4 EL Brühe
4 EL Sahne · Muskatnuss
2 TL gehackte Petersilie

Zubereitung: Die Bohnen waschen, putzen und halbieren, die Möhren und den Kohlrabi schälen, beides in bleistiftdicke, etwa 4 cm lange Stifte schneiden. In einem Topf mit Butter, Salz, Pfeffer, einer Prise Zucker und der Brühe aufkochen, zugedeckt bei kleiner Hitze in 10 bis15 Minuten bissfest kochen. Die Sahne einrühren, alles noch einmal aufkochen und mit Muskat abschmecken. Mit Petersilie bestreuen.

VORSPEISE

Caesar's Salad

1/2 Romanasalat
1 kleines Bund Rucola
2 gehäufte EL Mayonnaise
1 EL Joghurt
1 EL Zitronensaft
1 Msp. Senf
Salz · Pfeffer
1 Scheibe Toastbrot
2 Scheiben Frühstücksspeck (Bacon)
etwas Olivenöl
25 g Parmesan (am Stück)

Zubereitung: Romanasalat und Rucola waschen, trocknen und die Romanablätter in breite Streifen schneiden. Mit den Rucolablättern in einer Schale anrichten.
Für das Dressing Mayonnaise mit Joghurt, Zitronensaft und dem Senf verrühren. Mit Salz und Pfeffer würzen. Über die Salatstreifen träufeln. Das Toastbrot entrinden und in Würfel schneiden. Den Speck in Streifen schneiden. In einer Pfanne etwas Olivenöl erhitzen und die Speckstreifen knusprig ausbraten, herausheben und auf Küchenpapier abtropfen lassen. Im Bratfett die Brotwürfel hell anrösten, aus der Pfanne heben. Die Brotwürfel und Speckstreifen über den Salat streuen, mit dem Parmesan am Stück überhobeln.

Porterhouse-Steak *Zutaten für 2 Personen*

1 Porterhouse-Steak (mit Knochen und großem Filetanteil) à 900 g, ca. 5 cm dick
1 TL schwarze Pfefferkörner, grob zerstoßen
1 TL getrockneter Thymian
2 EL Öl zum Braten · Salz
125 ml Rinderbrühe

Zubereitung: Das Steak trocken tupfen, in grob zerstoßenen Pfefferkörnern und Thymian wenden, mit etwas Öl bestreichen und etwa 30 Minuten ruhen lassen. Den Backofen mit einer Servierplatte auf 75 °C anheizen.
Eine schwere Eisenpfanne stark erhitzen, mit wenig Öl ausreiben. Das Steak auf jeder Seite etwa 5 Minuten kräftig anbraten (für medium jeweils 1 Minute länger), auf die Servierplatte heben, salzen und im Ofen noch 10 Minuten nachziehen lassen. Die Hitze verringern, den Bratsatz in der Pfanne mit Rinderbrühe ablöschen und auf die Hälfte der Menge einkochen. Mit Salz abschmecken und über das Steak gießen. Im Ganzen oder aufgeschnitten mit Barbecuesauce servieren.

Garlic Mashed Potatos

375 g mehligkochende Kartoffeln · Salz
2 EL Butter
1 Knoblauchzehe
Pfeffer · Muskatnuss

Zubereitung: Die Kartoffeln waschen, schälen, vierteln und in Salzwasser in etwa 20 Minuten gar kochen. Den Topf vom Herd nehmen. Die Kartoffelviertel noch kurz im Wasser ruhen lassen. Die Butter in eine Schüssel geben, die Knoblauchzehe dazupressen und etwa 1/2 Tasse von dem Kartoffelkochwasser darübergießen. Die Kartoffelstücke abgießen, durch eine Kartoffelpresse dazudrücken, mit Salz, Pfeffer und Muskat würzen. Mit einem Kochlöffel durchrühren, bis das Püree glatt und luftig ist.

Barbecuesauce *(siehe Seite 120)*

Porterhouse-Steak

MIT GARLIC MASHED POTATOS

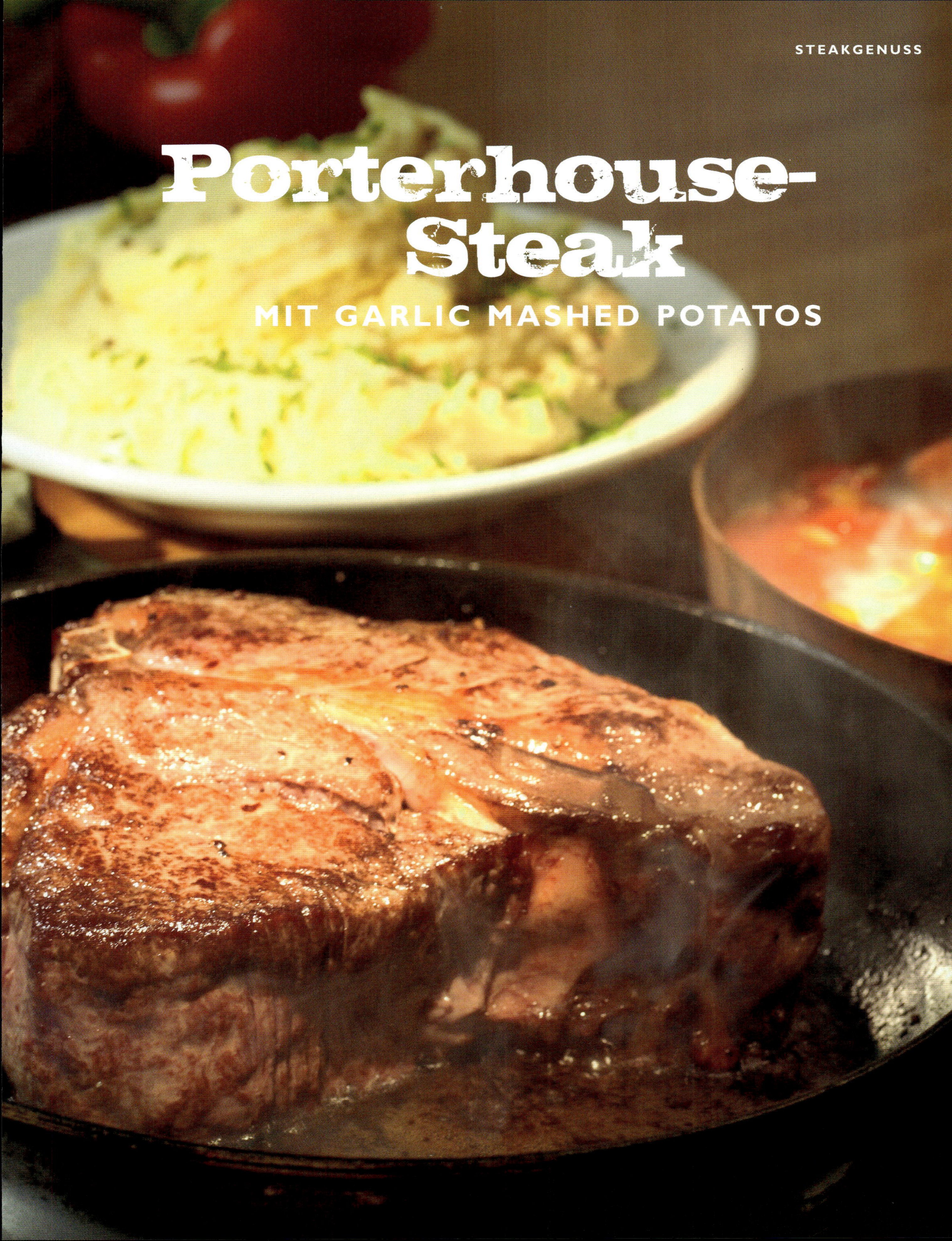

VORSPEISE

Shrimp Cocktail

200 g geschälte Shrimps (Tiefseegarnelen)
1 Limette
2 kleine Avocados
100 g Mayonnaise
Tabascosauce
2 EL gehacktes Koriandergrün
1 kleiner Romanasalat

Zubereitung: Die Shrimps kurz kalt abspülen und abtropfen lassen. Die Limette auspressen, die Shrimps mit etwas Limettensaft beträufeln. Die Avocados schälen, das Fruchtfleisch von den Kernen schneiden, würfeln und mit dem restlichen Limettensaft vermischen.
Die Mayonnaise mit ein paar Tropfen Tabasco und dem Koriandergrün vermischen.
Einen Klecks Mayonnaise ins Glas geben, darauf die Avocado-Würfel anrichten. Salatblätter fächerförmig daraufstecken, dann Shrimps und die restliche Mayonnaise daraufgeben.

Blattspinat mit Rahm

400 g frische Spinatblätter (geputzt) · Salz
2 Schalotten
2 Knoblauchzehen
2 EL Butter
200 g Sahne · Pfeffer · Muskatnuss

Zubereitung: Den Spinat verlesen, waschen und in kochendem Salzwasser 3 Minuten überbrühen. In ein Sieb abgießen, mit kaltem Wasser überbrausen und abtropfen lassen. Den Spinat leicht ausdrücken und zerpflücken.
Die Schalotten und den Knoblauch schälen und fein hacken, in heißer Butter glasig dünsten. Den Spinat zugeben, die Sahne zugießen und kurz aufkochen lassen. Den Spinat mit Salz, Pfeffer und Muskat würzen.

Roastbeef
IM GANZEN

Roastbeef *Zutaten für 4 Personen*

800 g Roastbeef mit Fettschicht
Salz · Pfeffer
2 EL Öl zum Braten

Zubereitung: Die Fettschicht des Roastbeefs mit einem scharfen Messer kreuzweise bis knapp zum Fleisch einschneiden. Das Fleisch rundum mit Salz und Pfeffer würzen, mit Öl bestreichen. Den Backofen auf 250 °C vorheizen.
Das Roastbeef mit der Fettschicht nach oben in einen flachen Bräter legen. Im heißen Ofen (Mitte) etwa 15 Minuten braten. Danach die Hitze auf 180 °C reduzieren und das Roastbeef in weiteren 20 Minuten rosa garen.
Den Bräter aus dem Ofen nehmen, das Fleisch mit Alufolie rundum abdecken und noch 15 Minuten ruhen lassen.
Das Roastbeef auf ein Tranchierbrett mit Saftrinne heben und in dünne Scheiben aufschneiden. Mit klarer Pfeffer-Chilisauce servieren.

Klare Pfeffer-Chilisauce
(siehe Seite 120)

Huft-Medaillons *Zutaten für 2 Personen*

4 Huft-Medaillons à 80 g
2 EL Öl zum Braten
Salz · Pfeffer oder Steakgewürz

Zubereitung: Die Medaillons etwa 15 Minuten vor dem Braten aus dem Kühlschrank nehmen. Mit Küchenpapier trocken tupfen. Steaks kräftig mit etwas Öl einmassieren. Eine schwere Eisenpfanne erhitzen, leicht ölen. Die Medaillons bei starker Hitze auf jeder Seite 1 Minute (rare) oder 2 bis 3 Minuten (medium) braten, beim Wenden mit Salz und Pfeffer (oder Steakgewürz) würzen.
Die Pfanne von der Herdplatte nehmen, die Medaillons nach Belieben darin noch 5 Minuten nachziehen lassen. Mit Gemüse und der warmen Sauce Bearnaise servieren.

Huft-Medaillons sind aus der Hüfte (aus dem kleinen Muskel oder aus dem halbierten Muskel des großen Hüftmuskels) geschnitten – großer und kleiner Muskel sind durch eine Sehne getrennt.

Frisches Gemüse vom Markt

250 g zarte Möhren
125 g Zuckerschoten
1 Kohlrabi oder 350 g Blumenkohlröschen · Salz

Zubereitung: Das Gemüse waschen, putzen, Möhren und Kohlrabi schälen. Alles in mundgerechte, dekorative Stücke teilen.
In sprudelnd kochendem, kräftig gesalzenem Wasser in 5 bis 7 Minuten bissfest garen. Abgießen, abtropfen lassen und heiß zu den Medaillons servieren.

Sauce Bearnaise

1 Schalotte
3 EL Weißwein
1 EL Weißweinessig
2 TL gehackte Kerbelblättchen
1 TL gehackte Estragonblättchen
75 g Butter
1 frisches Eigelb
Salz · weißer Pfeffer

Zubereitung: Die Schalotte fein hacken, in einer kleinen Kasserolle mit 3 EL Wasser, dem Weißwein, Essig und der Hälfte der Kräuter bis auf 1/2 EL Flüssigkeit einkochen. Die Butter schmelzen, bis sich die weiße Molke absetzt (nicht bräunen lassen). Etwa 5 Minuten abkühlen lassen. Den Würzsud mit dem Eigelb verquirlen und über dem heißen Wasserbad aufschlagen. Wenn der Eierschaum fester wird, nach und nach die warme Butter ohne Molke unterschlagen, bis die Sauce glatt und cremig ist. Mit Salz und weißem Pfeffer würzen, die restlichen Kräuter untermischen.

VORSPEISE:

Rahmiger Gurkensalat

1/2 große Salatgurke
2 EL saure Sahne
1 EL Sahne
1 EL Mayonnaise
Pfeffer · Salz · Zucker
1 TL Zitronensaft
1 TL fein geschnittener Dill

Zubereitung: Die Salatgurke waschen und streifig schälen. In dünne Scheiben hobeln (oder grob raspeln), mit etwas Salz vermischen und in einem Sieb abtropfen lassen.
Die saure Sahne mit der Sahne und Mayonnaise mischen, mit Salz, Pfeffer, einer Prise Zucker und dem Zitronensaft verrühren.
Die abgetropften Gurkenscheiben und den Dill unter die Rahmsauce mischen.

Huft-Medaillons

MIT SAUCE BEARNAISE

VORSPEISE

Zwiebelsuppe

1/2 große Gemüsezwiebel (ca. 150 g)
1 EL Butter
1 TL Mehl
1/2 l Fleischbrühe oder Gemüsebrühe
2 Scheiben Toastbrot
Salz · Pfeffer
1 EL Cognac
30 g geraspelter Edamer

Zubereitung: Die Zwiebel schälen und in feine Streifen schneiden. Die Butter in einem Suppentopf erhitzen, die Zwiebelstreifen darin bei kleiner Hitze langsam goldgelb und weich braten. Das Mehl darüberstreuen und unterrühren. Die Brühe unter Rühren aufgießen und die Suppe zugedeckt bei kleiner Hitze etwa 30 Minuten kochen lassen.
Den Backofen auf 225 °C vorheizen. Das Toastbrot entrinden, dabei kreisförmig zurechtschneiden. Im Toaster oder in einer Pfanne ohne Fett hellgelb rösten.
Die Suppe mit Salz, Pfeffer sowie Cognac abschmecken, und auf hitzefeste Suppentassen verteilen. Die Brotscheiben auflegen, mit geraspeltem Käse bestreuen und im heißen Ofen in 7 bis 10 Minuten goldgelb überbacken.

Hochrippenbraten *Zutaten für 2 Personen*

1 Scheibe Hochrippe mit Knochen à 600 g, gut 3 cm dick
Würzmischung:
1/2 TL getrockneter Knoblauch
1/2 TL getrocknete Zwiebel
1 TL getrocknete Kräuter (Thymian, Basilikum)
1 Lorbeerblatt
1/2 TL schwarze Pfefferkörner
1 Msp. Cayennepfeffer
1 EL Öl zum Braten · Salz

Zubereitung: Die Hochrippenscheibe trocken tupfen. Einen Streifen (etwa 5 cm) des hellen Fettrandes stehen lassen und mit einem scharfen Messer mehrmals bis knapp zum Fleisch einschneiden. Für die Würzmischung getrockneten Knoblauch, Zwiebel und Kräuter mit dem zerbröselten Lorbeerblatt und den Pfefferkörnern im Mörser zerreiben, mit dem Cayennepfeffer und dem Öl gut verrühren.
Die Hochrippenscheibe auf beiden Seiten mit dem gewürzten Öl einreiben und etwa 30 Minuten ruhen lassen.
Den Backofen auf 225 °C vorheizen. Auf dem Herd eine ofenfeste Pfanne erhitzen, bei mittlerer bis starker Hitze die Hochrippenscheibe darin auf jeder Seite 5 Minuten braten, bis sie schön gebräunt ist.
Die Pfanne in den Ofen stellen und die Hochrippe in 10 bis 15 Minuten (rosa bis medium) fertig garen. Aus der Pfanne heben, salzen und mit Alufolie abgedeckt noch einen Moment ruhen lassen.
Inzwischen die Sauce zubereiten.

PRIME RIB ROAST

Hochrippen-braten

Steakjus

75 ml Weißwein
75 ml Rinderbrühe
30 g Butter
Salz · Pfeffer

Zubereitung: Den Bratsatz in der Pfanne mit Weißwein und Rinderbrühe loskochen, auf die Hälfte der Menge einkochen lassen. Die Butter unterrühren und gerade schmelzen lassen. Die Sauce mit Salz und Pfeffer abschmecken, die Hochrippe darin wenden und gleich servieren.

Kartoffelpüree *(Classic Mashed Potatos)*

(siehe Seite 111 – Porterhouse-Steak, nur ohne Knoblauch)

KÖSTLICHES MIT Butter

Kräuterbutter zu Steaks

Zutaten
für 10 Portionen

250 g weiche Butter
1 Knoblauchzehe
1 TL Schnittlauchröllchen
1 TL gehackte Petersilie
1 TL gehacktes Basilikum
1 TL gehackter frischer Thymian
Saft von 1/2 Zitrone
Salz · Pfeffer

Zubereitung: Die Butter schaumig rühren. Die Knoblauchzehe schälen und sehr fein hacken oder durch die Presse drücken. Den Knoblauch, die fein gehackten Kräuter, Zitronensaft, Salz und Pfeffer unter die Butter mischen. Die Kräuterbutter abgedeckt in den Kühlschrank stellen.
Tipp: Noch mit einem Spritzer Worcestersauce abschmecken. Oder mit etwas Chilipulver würzen, das gibt der Butter eine feurige Note.

Olivenbutter

Zutaten
für 10 Portionen

250 g weiche Butter
3 EL Olivenöl
8 grüne Oliven ohne Stein
2 Knoblauchzehen
2 EL fein gehacktes Basilikum
Salz · Pfeffer

Zubereitung: Die Butter gut schaumig rühren, nach und nach das Olivenöl zuträufeln und gründlich unterrühren. Die Oliven fein hacken. Die Knoblauchzehen schälen und ebenfalls sehr fein hacken oder durch die Presse drücken. Beides mit dem Basilikum, Salz und Pfeffer unter die Butter mischen. Die Olivenbutter abgedeckt im Kühlschrank aufbewahren.

Zitronen-Knoblauch-Butter

Zutaten
für 10 Portionen

250 g Butter
1 Bio-Zitrone
3 Knoblauchzehen
2 EL fein gehackte Petersilie
Salz · Pfeffer

Zubereitung: Die Butter bei Zimmertemperatur weich werden lassen. Die Zitrone heiß waschen, trocken reiben und die Schale hauchdünn abschälen. Die Knoblauchzehen schälen und mit der Zitronenschale fein hacken. Die Butter cremig rühren, Zitronenschale, Knoblauch und die gehackte Petersilie untermischen, mit Salz und Pfeffer würzen. Die Zitronen-Knoblauch-Butter abgedeckt im Kühlschrank aufheben.

Rotwein-Thymian-Butter

Zutaten
für 10 Portionen

250 g Butter
2 Schalotten
1 EL Öl
300 ml trockener Rotwein
2 TL frisch gepresster Zitronensaft
1 gehäufter TL gehackte Thymianblättchen
Salz · Pfeffer

Zubereitung: Die Butter bei Zimmertemperatur weich werden lassen. Die Schalotten schälen und vierteln. Das Öl erhitzen, die Schalotten hell andünsten. Den Rotwein zugießen und bei mittlerer Hitze langsam einkochen lassen, bis nur noch 2 EL Flüssigkeit übrig sind. Den Rotweinsud durch ein Sieb passieren und abkühlen lassen.
Die Butter schaumig rühren. Den Rotweinsud, Zitronensaft und gehackten Thymian gründlich untermischen, mit Salz und Pfeffer würzen. Die Rotwein-Thymian-Butter abgedeckt im Kühlschrank aufheben.

Christa Block in der heimischen Küche. Sie kocht gern – für ihre Familie und für Gäste

Die Frau mit **GESCHMACK**

Was Eugen Block zu Hause bei seiner ***Frau Christa*** *gut schmeckte, kam manchmal im Block House auf die Speisekarte – beispielsweise das Pfannengemüse*

Haben Sie im Block House schon einmal das leckere Pfannengemüse gegessen und zum Salat French Dressing genossen? Sicher haben Sie das. Dann sollen Sie auch an dieser Stelle erfahren, wer diese beiden Leckereien zu Hause entwickelt hat, bevor sie auf die Block House Speisekarte kamen: Christa Block, seit 40 Jahren an der Seite von Block House Chef Eugen Block, die Mutter seiner drei erwachsenen Kinder. „Wissen Sie", sagt sie lächelnd, „als wir damals heirateten, konnte ich nicht kochen – nur heißes Wasser." Das freilich hat sich schnell geändert – und so probierte Christa Block zu Hause immer neue Varianten aus. Die eine bereitete sie in der Pfanne zu – dazu nahm sie das Gemüse, was gerade da war. Meist Zwiebeln, Lauch, Paprika (mal rote, mal grüne) und Champignons. Wenn sie Karotten in der Küche hatte, wurden auch die reingeschnippelt. „Mein Mann hat das immer sehr gern gegessen. Und eines Tages meinte er: Das schmeckt mir sehr gut, das kann auf die Karte."

Ein Mann, ein Wort. So kam das Pfannengemüse ins Block House und ging, wie Christa Block sich erinnert, „gleich ab wie die Feuerwehr." Es gab nur eine Änderung gegenüber dem heimischen Pfannengemüse: Die Griller verzichteten (bis heute) auf Lauch, weil das auf der heißen Platte schwarz, unansehnlich wurde.

Und wie war das mit dem French Dressing? Christa Block: „ähnlich. Meinem Mann schmeckte das – also wurde es im Block House getestet. Und es hat den Test schnell bestanden, die Kunden lieben mein French Dressing bis heute." Die Bestandteile: Knoblauch, weißer Balsamico („der rote macht den Salat so dunkel"), Salz, Pfeffer, Senf („ganz wichtig!"), kalt gepresstes Öl. Alles wird aufgeschlagen mit dem Salat serviert. Christa Block: „Im Laufe der Zeit habe ich herausgefunden, dass ein Schuss ungeschlagener Sahne dem Dressing eine feine Note gibt und obendrein noch gesund ist. Aber im Block House wird das Ursprungsrezept des French serviert." Wo hatte Christa Block im Block House sonst noch ihre Finger im Spiel? Sie schmunzelt und sagt: „Ich habe eine Leidenschaft für Malerei. Deshalb habe ich in den Achtzigerjahren für alle Block House Restaurants die Motive ausgesucht – meist Eindrücke vom Grand Canyon, von Pferden, von Lagerfeuer." Gleichzeitig hat Christa Block die Galerie im Hotel Elysée gegründet. Damit begann eine Sammlung, die mit über 600 Originalen zeitgenössischer Malerei Hamburgs und Norddeutschlands im Grand Elysée zu sehen ist.

KÖSTLICHES MIT Relish & Saucen

Chili-Beef-Dip

Zutaten für 10 Portionen

250 g Kürbis, süß-sauer eingelegt (aus dem Glas)
100 g Perlzwiebeln, eingelegt (aus dem Glas)
1 cm frischer Ingwer
3 frische rote Chilischoten
6 EL Pflaumenmus
3 EL Honig
Salz · Pfeffer

Zubereitung: Den Kürbis und die Perlzwiebeln abtropfen lassen. Den Ingwer schälen und fein hacken. Die Chilischoten längs aufschlitzen, entkernen und putzen, die Schoten klein würfeln. Kürbis, Perlzwiebeln, Ingwer, Chilis, Pflaumenmus und Honig in einem Blitzhacker fein pürieren. Den Dip mit Salz und Pfeffer abschmecken. Nicht benötigten Dip in ein Schraubdeckelglas füllen und im Kühlschrank aufheben.

Klare Pfeffer-Chilisauce

Zutaten für 10 Portionen

1 Knoblauchzehe
1 cm frischer Ingwer
1 rote Chilischote
1 EL Speisestärke
300 g Zucker
75 ml heller Essig
1 EL grüne Pfefferkörner
1 EL rosa Pfefferkörner
1/2 TL Paprikapulver mild
1/2 TL Cayennepfeffer · Salz · Pfeffer

Zubereitung: Knoblauch und Ingwer schälen, sehr fein hacken. Chilischote waschen, halbieren, Strunk, Kerne und Trennwände entfernen, Schote fein würfeln. Speisestärke mit 3 EL kaltem Wasser anrühren. Knoblauch, Ingwer, Chili, Zucker, Essig, beide Sorten Pfefferkörner, Paprikapulver, Cayennepfeffer, Salz, Pfeffer in einen Topf geben, 500 ml Wasser zugießen, aufkochen. Bei kleiner Hitze 15 Min. leicht köcheln lassen. Angerührte Stärke einrühren und die Sauce noch 5 Min. sanft kochen lassen. Nicht verwendete Sauce heiß in Schraubdeckelgläser füllen, verschließen und kühl aufbewahren.

Barbecuesauce

Zutaten für 10 Portionen

1/2 mittlere Zwiebel
1 Knoblauchzehe
1 rote Paprikaschote
1 gelbe Paprikaschote
1 frische rote Chilischote
1 bis 2 EL Öl
250 g Tomatenketchup
75 g Tomatenmark
1 TL gerebelter Majoran
1 bis 2 Spritzer Tabasco
Salz · Pfeffer
1 Prise Zucker

Zubereitung: Die Zwiebel und den Knoblauch schälen und fein hacken. Die Paprikaschoten und die Chilischote putzen, entkernen und sehr fein würfeln. Das Öl in einem Topf erhitzen, Zwiebel, Knoblauch, Paprika- und Chiliwürfel andünsten. Mit 150 ml Wasser ablöschen, den Ketchup und das Tomatenmark einrühren. Mit Majoran, Tabasco, Salz, Pfeffer und einer Prise Zucker pikant abschmecken. Sauce bei kleiner Hitze 10 Minuten köcheln lassen. Nicht verwendete Sauce in Schraubdeckelgläser füllen und im Kühlschrank aufheben.

Paprika-Relish

Zutaten für 10 Portionen

2 rote Paprikaschoten
2 grüne Paprikaschoten
2 Zwiebeln
2 EL Öl
300 g Maiskörner (aus der Dose)
2 EL Ahornsirup
150 ml Apfelsaft
1 TL Selleriesamen, ersatzweise Selleriesalz
Salz · Pfeffer
4 EL Apfelessig
2 TL scharfer Senf

Zubereitung: Paprikaschoten waschen, putzen und klein würfeln. Zwiebeln schälen und fein hacken. Öl in einem Topf erhitzen, die Zwiebelwürfel hell andünsten. Paprikawürfel zugeben und offen 5 Min. schmoren. Maiskörner untermischen, Ahornsirup und Apfelsaft zugeben. Selleriesamen mit etwas Salz zerstoßen, mit Pfeffer unter das Relish mischen, noch 5 Min. leise köcheln lassen. Apfelessig und den Senf unterrühren, abschmecken und abkühlen lassen. Am besten über Nacht im Kühlschrank durchziehen lassen. Als Beilage zu Steaks oder Burgern vom Grill servieren.

Heiner **HEDDER** – Der Mann der leckeren Kartoffel

Sie ist die Königin der Beilagen und mit ihren Vitaminen ein wahres Kraftpaket. Sie wiegt zwischen 280 und 350 g und wird im Block House jede Nacht frisch angeliefert

Baked Potato – sie ist so etwas wie die Königin der Beilagen. 3,6 Millionen Stück werden jährlich im Block House serviert, mit Sour Cream angereichert. 3,6 Millionen Mal ein Genuss – aber nicht nur das. Die Kartoffel ist auch ein wahres Kraftpaket. Die Vitamine A und C stärken die Abwehrkräfte des Körpers, B1, B2 und B6 unterstützen den Stoffwechsel, das Immun- und das Nervensystem. Vorstand Dirk Block empfiehlt: „Die Schale sollte mitgegessen werden – darunter sitzen viele Vitamine." Nun, wo wächst und gedeiht die gesunde Knolle? Zum Beispiel in der Lüneburger Heide, in Deutschlands ältestem Kartoffelanbaugebiet, in sandigen, gut durchlüfteten Böden! Heiner Hedder, Inhaber von „Heideland Spezialitäten", sorgt dafür, dass Anbau, Ernte, Lagerung und Transport zu 100 Prozent die Block House Ansprüche erfüllen. Die Kartoffel, die im Oktober geerntet, bei exakt fünf Grad gelagert und jede Nacht frisch angeliefert wird, wiegt zwischen 280 und 350 Gramm und hat ein lockeres, mittelgelbes Fruchtfleisch. Angebaut wird sie von Landwirten auf einer Fläche von rund 1000 Hektar. Kann man eine 280 bis 350 Gramm schwere Kartoffel so maßgeschneidert züchten? Heiner Hedder lächelt über die Frage und antwortet: „nein, leider nicht. Es gibt nun mal kleine und große Kartoffeln. Um 1000 Tonnen Kartoffeln dieser Größe zu kriegen, müssen wir 100.000 (!) Tonnen sortieren. Das machen wir mit modernen computergesteuerten Wiegeanlagen, die das auf zehn Gramm genau können." Und was geschieht mit all den anderen Kartoffeln? Hedder: „Die kommen als normale Kartoffeln in den Handel." Heiner Hedder setzt übrigens mit der Lieferung der Baked Potato ein Geschäft fort, das so alt ist wie das Block House. Heiner Hedder: „Mein Vater besuchte 1968 das gerade eröffnete erste Block House in der Hamburger Dorotheenstraße. Er züchtete in der Lüneburger Heide Forellen und wollte Eugen Block Forellen verkaufen. Fische wollte Herr Block nicht – aber die beiden Männer kamen gut ins Gespräch und einigten sich auf dicke Kartoffeln."

Heiner Hedder führt das Geschäft erfolgreich weiter, das sein Vater vor 40 Jahren mit Eugen Block begonnen hat

KÖSTLICHES MIT Würzmischungen & Marinaden

Jamaika-Marinade

Zutaten für 10 Portionen

6 Schalotten
4 Knoblauchzehen
4 frische rote Chilischoten
3 EL Pimentkörner
1 EL schwarze Pfefferkörner
2 Lorbeerblätter
2 TL gehackter frischer Thymian
grobes Meersalz
4 EL neutrales Öl

Zubereitung: Die Schalotten und den Knoblauch schälen und grob hacken. Die Chilischoten längs aufschlitzen, entkernen und putzen, die Schoten klein würfeln.
Die Pimentkörner und die Pfefferkörner in einem Pfännchen ohne Fett bei mittlerer Hitze kurz anrösten, bis sie aromatisch duften. Dann mit den Lorbeerblättern, dem Thymian und einer guten Prise grobem Salz im Mörser fein zerstoßen. Mit den Schalotten, Knoblauch und Chilis im Mörser oder in einem Blitzhacker zu Püree zerkleinern. Mit dem Öl vermischen. Steaks vor dem Braten oder Grillen damit einreiben, 30 Minuten bis 1 Stunde marinieren.

Barbecue-Würzmischung

Zutaten für 10 Portionen

1 EL schwarze Pfefferkörner
1 EL Senfkörner
1 EL Zwiebelgranulat
2 TL Selleriesamen (ersatzweise Selleriesalz)
1 TL Knoblauchgranulat
2 TL grobes Meersalz
1 EL brauner Rohrzucker
1 TL getrockneter Thymian
1 TL getrockneter Majoran
1 TL Paprikapulver mild
Prise Cayennepfeffer

Zubereitung: Pfeffer- und Senfkörner mit Zwiebelgranulat, Selleriesamen, Knoblauchgranulat und Meersalz im Mörser zerreiben. Den Rohrzucker zugeben und nochmals etwas zerkleinern. Mit den getrockneten Kräutern, Paprikapulver und Cayennepfeffer gründlich vermischen. In ein dunkles Schraubdeckelglas füllen und gut verschlossen aufbewahren. Fleisch während oder nach dem Garen damit würzen.

Steakgewürz

Zutaten für 10 Portionen

2 EL brauner Zucker
1 EL grobes Salz
1 EL schwarze Pfefferkörner
1 EL getrocknete Kräuter (Basilikum, Majoran, Thymian)
1 EL Paprikaflocken oder Paprikapulver edelsüß
Cayennepfeffer

Zubereitung: Den Zucker mit grobem Salz und Pfefferkörnern in einen Mörser geben und zerdrücken. Die Kräuter zugeben und kurz zerreiben. Mit Paprikaflocken und einer Prise Cayennepfeffer vermischen. In ein dunkles Schraubdeckelglas füllen und verschließen. Kühl und dunkel aufbewahren. Die Steaks erst während oder nach dem Braten oder Grillen damit würzen.

Barbecue-Mop

Zutaten für 10 Portionen

2 Lorbeerblätter
2 TL grobes Meersalz
2 Knoblauchzehen
200 ml Rinderfond
3 EL Worcestersauce
2 EL Erdnussöl
2 EL Tomatenmark
1 EL Honig
1 TL scharfer Senf
1 TL Paprikapulver mild
Prise Cayennepfeffer
Salz · Pfeffer

Zubereitung: Lorbeerblätter zerbröseln, ohne die harten Mittelrippen mit dem groben Salz im Mörser zu einem feinen Pulver zerreiben. Knoblauchzehen schälen, im Mörser mit dem Lorbeersalz zerstampfen. Die Mischung zum Rinderfond geben, mit Worcestersauce, Öl, Tomatenmark, Honig, Senf und Paprikapulver zu einer glatten Sauce mixen, mit Salz, Pfeffer, Cayennepfeffer abschmecken. In ein Schraubdeckelglas füllen. Im Kühlschrank aufbewahren. Steaks während des Grillens/Bratens mit der Sauce (in Amerika „Mop" genannt) bestreichen, Steaks zum Schluss damit beträufeln.

Die Gabel soll das Fleisch nur festhalten und es nich durchbohren

Immer gut **ABSCHNEIDEN**

Messer und Gabel – auch auf das richtige ***Werkzeug*** *kommt es an*

Ein Steak ist nur so zart wie das Messer scharf ist. Das mag seltsam klingen, aber wenn die Messerklinge leicht durch das Fleisch gleitet, hat man schon das Gefühl, ein saftiges Stück Fleisch auf dem Teller zu haben. Ein gutes Steakmesser hat auf keinen Fall eine Klinge mit Wellenschliff, sondern eine glatte, leicht geschwungene und spitz zulaufende, sodass auch das Fleisch am Knochen bis zum letzten Rest abgetrennt werden kann. Stabil soll die Klinge sein, dazu auch ein wenig elastisch, das zeichnet gute Messer aus. Der Stahl muss möglichst hart sein, damit er lange seine Schärfe behält. Und wer Wert auf einen sauberen Schnitt legt, schärft das Messer vor jedem Gebrauch mit einem Wetzstahl. Wenn dann noch der „Kropf", der Übergang vom Griff zur Klinge, so ausgebuchtet ist, dass die Hand nicht versehentlich zur Klinge abrutscht, ist das Messer perfekt.

Die optimale Gabel dazu hat schmale, spitz zulaufende Zinken, mit denen das Fleischstück gut zu fassen ist, ohne es zu sehr zu durchlöchern, wodurch unnötig Fleischsaft austreten würde. Wie dick die Stücke geschnitten werden ist Geschmackssache. Aber bei sehr dünnen Scheiben wirkt auch ein etwas festeres Fleisch zarter. Bei „rare" oder „medium rare" gegarten Steaks zeigt sich besonders auffällig, ob das Messer scharf ist – solches Fleisch ist sehr nachgiebig, und eine abgestumpfte Klinge würde es mehr hin und her ziehen als zerteilen. Rindfleisch soll immer quer zu den Fleischfasern geschnitten werden, allerdings sind die Steaks zumeist schon quer zur Faser zerteilt, sodass auf dem Teller der Schnitt in Faserrichtung geführt wird. Wer sein Steak optimal schneiden will, muss also den Schnitt nicht senkrecht, sondern schräg führen. So erhält man ein Fleischstück mit kürzeren Fasern, die sich leicht kauen lassen.

Was für das Schneiden auf dem Teller gilt, hat erst recht beim Tranchieren von großen Steaks Bedeutung. Auch hier gilt: Ein scharfes Messer und eine spitzzinkige Fleischgabel sind das notwendige Werkzeug. Die Schnittführung sollte quer oder wenigstens schräg zu den Fleischfasern erfolgen, damit jeder ein saftiges, zartes Stück Fleisch auf den Teller bekommt. Die Fleischgabel soll das Fleisch nur festhalten, nicht durchbohren, sonst tritt zu viel Fleischsaft aus. Und da bei rosigen Steaks immer etwas Saft austritt, wird am besten auf einem Tranchierbrett mit umlaufender Saftrinne aufgeschnitten. Der sich in der Mulde sammelnde Fleischsaft kann dann über die einzelnen Portionen geträufelt werden.

BLOCK HOUSE HILFT BEIM KOCHEN!

GUTEN APPETIT – den haben Sie hoffentlich beim Stöbern in diesem Buch bekommen. Doch fehlt Ihnen manchmal die Zeit, wirklich alles frisch zu kochen? Kein Problem. Block House hat schon mal was für Sie vorbereitet. Diese Block House Produkte finden Sie im Lebensmitteleinzelhandel.

Gemütlich, warm und offen: Im typischen Block House Ambiente lässt es sich gut genießen

DER KLASSIKER

unter den Steakgewürzen

Seit Eugen Block 1968 das Block House eröffnet hat, verbesserte er ständig die Rezeptur seines Steakpfeffers. Jeden Bestandteil veränderte er immer wieder – hier ein Gramm mehr, da ein halbes Gramm weniger –, bis er nach vielen Jahren zufrieden damit war. Seither ist der Block House Steakpfeffer ein einzigartiges Würzmittel für Steaks und ein Dauerbrenner in jedem Supermarkt.

GUTES FÜR KARTOFFEL UND BROT

Block House Sour Cream

Im Block House werden pro Jahr 5,4 Millionen Portionen Sour Cream serviert. Auch das Rezept der Sour Cream wurde über Jahre hinweg optimiert, bis sie ihren unverwechselbaren Geschmack erreicht hat. Zu Hause genießt man die klassische Sour Cream nicht nur zur Kartoffel, sondern auch auf Brot oder als Dip zu warmem oder kaltem Gemüse.

OHNE SAUCE NIX LOS

Steak Sauce à la Block

Auch die original Block House Steaksauce ist ein Produkt jahrelanger Rezeptoptimierung durch Eugen Block. Der süßlich-scharfe Geschmack passt optimal zu jedem würzigen Steak. Im Supermarkt gibt es die Block House Steaksauce auch im Frischebeutel in der Kühltheke.

FRISCHE KÜCHE

Baked Potatos, Knoblauchbrot & Co.

Im Block House besteht ein Steakmenü aus einem zarten Steak, einer heiß dampfenden Baked Potato mit erfrischend-würziger Sour Cream und einem ofenfrischen Block House Brot. Vorweg gibt es einen Salat, der ausschließlich aus frischen, knackigen Komponenten besteht, mit einem feinen, frischen Dressing. Ein so zusammengestelltes Menü liefert alle wichtigen Nährstoffe. Einige dieser Menükomponenten können Sie einfach dazukaufen, wenn Ihnen die Zeit zum Kochen mal fehlt.

DANK AN UNSER TEAM

AUTOR
REINHARDT HESS

Reinhardt Hess schrieb seit Abschluss seines Geografie-Studiums für verschiedene Kochbuch-und Magazinredaktionen. Seit 1992 ist er freier Journalist und Buchautor. Hess hat über 50 Koch-, Grill-, Wein- und Naturbücher geschrieben bzw. daran mitgearbeitet.

TEXTE
HANS-HEINRICH REICHELT

Hans-Heinrich Reichelt arbeitet als freier Journalist für große deutsche Verlage. Volontiert hat er bei den „Lübecker Nachrichten", später war er BILD-Reporter und stern-Redakteur. Große Beachtung finden in den Medien seine Serien über bedeutende deutsche Ärzte und deren Therapien. Als er gefragt wurde, an diesem Buch mitzuarbeiten, hat er aus mehreren Gründen spontan zugesagt. Ein Grund war, dass er mit seiner Familie seit 25 Jahren Stammkunde im Block House Othmarschen in der Waitzstraße ist – und das Restaurant noch nie unzufrieden verlassen hat.

FOTOS:
JO VAN DEN BERG

Seine Welt der Kreativität schuf sich Jo van den Berg schon als Zehnjähriger; er baute sich ein Kindertheater und führte selbst geschriebene Stücke auf. Bis er das Theater in eine Dunkelkammer umbaute, um darin seine ersten Bilder zu entwickeln. Seither hat ihn die Faszination des Spiels mit Licht nicht losgelassen. Der Top-fotograf zählt seit über 20 Jahren zu den Besten seiner Zunft, seine sensible fotografische Sichtweise ist u. a. vom Art Directors Club mit Preisen ausgezeichnet worden.
Als gebürtiger Belgier weiß Jo van den Berg gutes Essen selbst sehr zu schätzen und rückt es daher gern ins beste Licht. Mit viel Leidenschaft gestaltet er für Block House seit Jahrzehnten die leckeren Aufnahmen, die in der Werbung und auf der Speisekarte Lust auf ein gutes Steak und mehr machen. Für das vorliegende Steakbuch hat er die Natürlichkeit und Qualität stilistisch betont, indem er den größten Teil der Aufnahmen mit Tageslicht gestaltet hat.
www.jovandenberg.com

FOODSTYLING:
PATRICE BRAULT

Auf Wunsch seines Vaters musste der gebürtige Franzose zunächst eine „ordentliche" Ausbildung als Konditor machen, obgleich er sich viel lieber als Künstler entfaltet hätte. Erst nach einigen Umwegen fand er 1989 durch den Kontakt zu verschiedenen Fotografen zu seinem Beruf als Foodstylist. Unter anderem auch bei Jo van den Berg lernte er, Kunst und Können zu wunderschönen Gestaltungen zu vereinen. Auch er ließ sich von dem Umgang mit Tageslicht inspirieren und verstand es, die Arbeit von Jo van den Berg intuitiv mit den für ihn typischen künstlerischen Arrangements zu ergänzen.
www.patricebrault-foodstyling.de

REQUISITEN:
HELMICH HOTELAUSSTATTUNG GMBH

Die Firma Helmich Hotelausstattung GmbH in Henstedt-Ulzburg sorgt dafür, dass die Gäste von Block House auch unter ihrem Steak Qualität geboten bekommen: mit bestem Porzellan. Wir danken für die freundliche Bereitstellung der tollen Foto-Requisiten.
www.helmich-hotelausstattung.de